财政部省部共建联合课题"会计职称与会计专业技术资格考试改革研究"（KZPKT2018CJ01）

我国会计资格考试的调查研究

宗文龙　杨　宁　李爱东◎著

The Research on
Accounting Professional Qualification
Examination of China

经济管理出版社
ECONOMY & MANAGEMENT PUBLISHING HOUSE

图书在版编目（CIP）数据

我国会计资格考试的调查研究/宗文龙，杨宁，李爱东著 . —北京：经济管理出版社，
2023. 7

ISBN 978-7-5096-9142-7

Ⅰ.①我…　Ⅱ.①宗…②杨…③李…　Ⅲ.①会计—资格考试—研究—中国　Ⅳ.①F23

中国国家版本馆 CIP 数据核字（2023）第 134149 号

组稿编辑：张巧梅
责任编辑：张巧梅
责任印制：黄章平
责任校对：王淑卿

出版发行：经济管理出版社
　　　　　（北京市海淀区北蜂窝 8 号中雅大厦 A 座 11 层　　100038）
网　　　址：www. E-mp. com. cn
电　　　话：（010）51915602
印　　　刷：唐山昊达印刷有限公司
经　　　销：新华书店
开　　　本：720mm×1000mm/16
印　　　张：12. 5
字　　　数：217 千字
版　　　次：2023 年 8 月第 1 版　　2023 年 8 月第 1 次印刷
书　　　号：ISBN 978-7-5096-9142-7
定　　　价：88. 00 元

前　言

习近平总书记在 2021 年 9 月召开的中央人才工作会议上深刻阐述了新时代人才工作的新理念新战略新举措，为做好新时代人才工作指明了方向。会计人才是我国人才战略体系的重要组成部分，在企业管理、政府治理、注册会计师审计、会计教学科研、会计国际交流等领域发挥了积极作用。人才评价制度是树立正确用人导向、引导会计人才职业发展、调动会计人才创新创业积极性的指挥棒，财政部在《会计改革与发展"十四五"规划纲要》中指出，完善会计专业技术资格考试评价制度，充分发挥会计人才评价的导向作用。

我国从 1992 年开始实施会计专业技术资格考试（以下简称会计资格考试），即将走过 31 年的岁月。截至 2021 年底，全国累计有 1022.8 万人次取得初、中级会计资格证书，近 22.4 万人次通过高级会计师资格考试。会计资格考试已经成为我国会计人才评定的主要手段，为我国经济社会发展培养了大量的会计人才。会计资格考试已形成初级、中级和高级（含副高级和正高级）三个互相衔接的考试评价体系，具有报考、命题、组织实施、评卷、后期评价等完整业务流程，能够实现多批次、大规模的无纸化考试。

2019 年 6 月，国务院提出"放管服"改革，通过简政放权、放管结合、优化服务，推动政府职能转变，优化营商环境，以激发市场活力和社会创造力，促进经济持续健康发展。2021 年 4 月，国务院要求进一步深化"放管服"改革，切实做好"六稳""六保"工作，保居民就业成为当前的重要工作。会计资格考试对提升职业技能、促进居民就业发挥着重要作用。规范改进会计资格考试的认证服务，不断提高会计资格考试服务国计民生的能力，是会计资格考试面临的重大课题。

本书以我国会计资格考试为研究对象，通过理论分析和调查研究为会计资格考试改革提出有价值的建议。首先，研究回顾我国会计人才评价制度和会计资格考试的历史沿革，归纳会计职业能力框架和国家会计人才培养规划，为会计资格考试的改革研究提供坚强的制度和理论支撑。其次，研究提出会计资格考试在新时代需要面对由服务国家战略部署、信息技术更新迭代以及新生代考生独特的学习方式等产生的多重挑战，这些挑战将成为提出改革建议的基本立足点。最后，研究采用问卷调查法对会计资格考试的基本现状进行调研，并分别对会计资格考试的社会满意度、考试内容的实效性、考试的难度与方式等进行统计分析，直观了解会计资格考试的现状，为改革提供现实支持。

结合当前经济社会环境和会计资格考试面临的挑战，本书对新时代下会计资格考试提出五项改革建议：第一，要关注"80后""90后""00后"考试群体，提升会计资格考试对这类群体的吸引力，切实考虑他们独特的学习特征而产生的需求，通过改革考试内容和方式、提升考试网络化程度、加强宣传、推出免考制度等来赢得新生代考试主力军的认可。第二，参与"一带一路"沿线国家的会计人才培养，引领国内会计类证书"走出去"，向沿线国家输出考试能力、推广考试经验，加快证书互认互免，为"一带一路"倡议的实施提供支持。第三，推动会计资格证书与国内、国际各类证书的互认工作。证书互认工作不仅可以有效降低考生的考试成本，节约大量的社会资源，还可以提高证书的知名度，扩大我国会计资格证书的国际影响力。第四，考试内容的改革要突出实务性。考试内容要贴近实务工作，将考查内容尽可能延伸到现实工作中。同时，考试内容应增强对管理会计、信息化和职业道德方面的考查，以应对信息化技术发展带来的挑战。第五，做大初级资格考试，做强中级资格考试，突出高级资格考试的高端和国际化。

本书是财政部省部共建联合课题"会计职称与会计专业技术资格考试改革研究"（项目编号：KZPKT2018CJ01）的课题成果。本书第一章、第二章、第三章、第七章由宗文龙撰写，第四章、第五章由杨宁撰写，第六章由李爱东撰写。本课题在问卷调查过程中，得到了财政部会计财务评价中心、北京国家会计学院等单位的大力支持。中央财经大学的郑海英教授、魏紫副教授、陈玥副教授、张亚男副教授在课题研究过程中提出了许多宝贵意见。中央财经大学的段四庆、王炳棋、赵雅洁、夏雨、蒋佳伶等同学帮助收集和整理了文献数据。还有很多在调查中提供了宝贵建议的会计人员，囿于篇幅不能一一提及他们的名字，在此我们一并表示感谢。

在本书完成之后，我们欣喜地看到人力资源和社会保障部、财政部联合发布的《关于深化会计人员职称制度改革的指导意见》（人社部发〔2019〕8号）中指出："探索建立注册会计师、资产评估师等职业资格与会计专业技术资格考试相同或相近科目互认互免等衔接措施，减少重复评价，减轻会计人员负担，探索建立会计与审计、经济等属性相近职称系列（专业）的衔接措施"，财政部在《会计行业人才发展规划（2021-2025年）》（财会〔2021〕34号）指出："探索推进初级会计专业技术资格考试一年多考"，这些政策的出台与本书的研究结论不谋而合。

古人云"三十而立"，经过30多年岁月的洗礼，会计资格考试已经成为我国规模最大的职业资格考试之一。近年来，会计资格考试的报考人数更是快速上升，考试规模仅次于中国的高考，产生了巨大的社会效益。谨以本书献给会计资格考试30多年的光辉历程！

目　录

第一章 导论

第一节 研究的目的与意义

我国会计专业技术资格考试也称为会计职称考试，是由财政部、人事部共同组织的全国统一考试。考试共分为初级会计师、中级会计师和高级会计师三个级别，实行全国统一考试，每年一次，取得的证书在全国范围内有效。会计资格考试在选拔优秀会计人才方面发挥了重要的渠道作用，为我国全面深化改革输送了一批又一批优秀的会计人才。

经济越发展，会计越重要。早期，会计资格考试作为当时中国会计行业几乎唯一的职业能力认证考试，各行业各单位都将该考试作为评价会计人才职业能力的重要依据。会计资格考试制度的实行，对建立规范、公正的会计人才评价和选拔机制，调动广大会计人员学习专业知识的积极性，提高会计人员的业务素质和职业判断能力，加强会计工作服务经济发展的辅助作用，都具有极其重要的现实意义。经过多年的发展，会计资格考试体系从复杂到简明，考试级别、种类不断简化，报考条件逐渐放开，考试管理不断规范。

随着经济的发展和会计改革的深化，会计知识逐步成为社会经济领域的基础知识，新的形势对会计资格考试提出了新的要求，会计资格考试面临着诸多挑战。一方面，互联网技术、财务共享中心等新财务手段的出现对会计人员职业能力提出新的要求，会计人员的知识体系和大脑建设面临新技术的挑战；另一方面，伴随着对外开放的深入，ACCA、CMA 及 CFA 等国外各类证书开始登陆中国，抢夺会计证书市场，吸引越来越多的会计从业者报考（见表 1-1）。会计资格考试也不再直接挂钩职位和薪水，一切都要依据各单位的具体规定。会计资格考试在中国会计人才评价领域的垄断地位被打破，面对竞争激烈的证书市场，会计资格考试不得不和其他会计类证书站在同一擂台上角逐。

表 1-1　2012~2017 年报考人数统计　　　　　单位：万人

考试名称	2012 年	2013 年	2014 年	2015 年	2016 年	2017 年
CPA	56.7	61.2	65.7	81.5	97.1	118.2
ACCA	42.6	42.6	43.6	45.6	48.1	51.2
会计资格考试	189.0	206.3	214.3	211.1	235.2	305.7

资料来源：中国注册会计师协会官网、ACCA 官网、全国会计资格评价网。

除了严峻的外部环境，会计资格考试在发展的过程中也暴露出许多内部问题。据财政部会计资格评价中心和上海国家会计学院 2005 年的联合研究报告，会计资格考试在发展中存在着应试性太强而实务性不足、专业性太强而综合性不足、与国际上会计专业化考试的差距扩大、社会影响力下降等突出问题。另外，会计资格考试也没有兼顾到不同行业、不同性质单位的会计人员评价内容和方法的差异性，对企业和行政事业单位的考生未做区分。

"一带一路"倡议有序推进，中国和中国企业拥有越来越多的话语权，相比之下中国会计类证书在国际上的"存在感"却不高，显然与我国的整体地位不相称。会计资格考试所处的政治、经济环境正在发生深刻而巨大的变革，会计准则体系的改革加速了我国会计制度与国际会计制度接轨的进程，中国会计资格证书"走出去"并引领世界会计资格证书的发展成为会计资格考试改革的内在要求，在未来的国际主流会计资格证书中，中国的本土会计考试品牌应该占有一席之地。

此外，还有一个不容忽视的现实是，"80 后""90 后"逐渐成为会计资格考试的主要参与者，他们独有的成长环境和整体学习习惯的变化，也对会计资格考试方式、内容、形式等方面提出与以往不同的新要求。环境的发展变化对会计资格考试提出新的改革要求，正视社会变化并有预见性地讨论会计资格考试改革方案，在当前具有非常现实的意义。

本书将基于我国经济实力持续增强与国家影响力日益上升的背景，以"一带一路"倡议和"放管服"改革为契机，立足以人为本的考试理念，深入开展新时代下的会计资格考试改革研究。研究不仅有助于实现会计资格考试的与时俱进，保持甚至提升考试的竞争力，还有助于会计资格考试发挥"国家队"的引领作用，更好地服务于国家政治、经济战略，为新时代的事业提供坚实的会计人力资源保障。

第二节　研究的主要问题

从 1992 年设立至今，会计资格考试即将走过 31 年的岁月。期间，会计资格考试经历了多次改革和完善，形成了目前初级、中级和高级三大层级的考试框架体系。本书将对现阶段各层级考试的社会满意度、考试内容的实效性、难度与方式等进行系统的了解，结合会计资格考试所处的时代背景，在此基础上提出建设性改革建议，以期为进一步提升我国会计资格考试的水平提供参考。

本书主要研究了以下四个问题：

一、会计资格考试的经验总结

我国对会计人才的评价经历了会计干部技术职称评定、会计专业职务聘任和会计资格考试三个阶段。会计资格考试"以考代评"，取代传统的职称评定，提供了公平公开的职称晋级机制，极大地激发了会计人员积极向上的奋斗热情。会计资格考试已经形成了包括命题、组织实施、评阅、后期评价等程序的完整考试链条，具备开展多批次、大规模计算机考试的能力。

本书回顾了我国会计资格考试的历史沿革，从人才培养的目标、考试科目、考试内容、考试方式、考试组织保障、人才培养的数量与质量等角度，总结会计资格考试在会计人才评价改革探索中的经验与做法。

（一）会计资格考试的社会满意度

作为国家财政部门组织的考试，会计资格考试不仅承担着会计能力的鉴定任务，还具有维护社会公平的政治属性。会计资格考试要弘扬传播积极向上、拼搏奋斗的社会正能量，在促进社会和谐发展中发挥引导作用。

考生的感受是评价会计资格考试效果的重要标准。会计资格考试是否有利于提升考生的实际工作能力、考生对会计资格考试总体上的满意度如何、考生对会计资格考试有哪些看法，本书希望通过研究了解社会对会计资格考试的部分看法，并作为提出改进意见的重要参考。

本书在问卷调查中设计了相关问题，包括"报考会计资格考试的动机""取得会计职称对于提高工作能力（或求职等）的作用""对会计资格考试的内容、方式等的满意度"等问题，直接了解考生的感受。同时，本书统计了房地产企业高管的个人履历，观察会计资格考试证书是否会被作为衡量高管能力的重要证明，据此从侧面了解会计资格证书的美誉程度。

（二）会计资格考试内容的实效性

会计资格考试分为初级、中级和高级三个层级，根据不同层级设置相应的考查内容。初级会计资格考试考查初级会计实务和经济法基础，中级会计资格考试考查中级会计实务、财务管理和经济法，高级会计资格考试则考查企业战略与财务战略等。

每门考试内容的设计都参考了国际上其他会计类考试的惯例，也经过了科学论证和反复修订。本书将调查考生对上述考试内容的认可程度，具体包括：考试内容在考生的实际工作中是否经常使用；考试内容是否兼顾了不同地区、不同组织性质的考生的实际工作；考生是否认可会计资格考试的内容等。

本书在问卷调查中针对会计资格考试涉及的内容，具体包括财务会计、管理会计、财务管理、战略管理、法律、税收、风险管理、财务分析、商业环境、绩效管理、企业管理等，要求受访人员根据工作经验和理解，对会计资格考试的内容在工作中的应用频率给予评价。

（三）会计资格考试的难度与方式

为了解考生对会计资格考试难度的感受，我们在问卷中设计了"会计资格考试难度"的相关问题,并对初级会计资格考试、中级会计资格考试、高级会计资格考试分别设置了关于难度感知的题目,请受访人员判断。

中级会计资格考试从 2015 年开始实施计算机考试,目前初级会计资格考试和高级会计资格考试也都陆续实施了"机考"。无纸化考试具有阅卷快捷、标准化管理的优点,但也出现了考生打字慢、阅读习惯变更等问题。那么,考生如何看待机考?是否普遍接受这种考试方式?不同年龄的考生对"机考"方式的看法是否有差异?

本书在问卷中设计了"对现有会计专业技术资格无纸化考试方式的态度"问题,并提供了三个选项:①无纸化考试非常好,没有问题;②无纸化考试可以接受,但仍存在一些问题;③无纸化考试不符合传统的阅读书写习惯,限制了答题速度,有很大问题,请受访人员判断。

二、会计资格考试面临新时代的挑战

(一) 会计资格考试要服务于国家战略

随着我国综合国力的不断提升,客观上需要我国承担更多的国际责任。会计资格考试也应及时规划,为走向国际探索经验。国际"四大"会计师事务所、ACCA 等组织都在努力提高国际影响力,扩大自身在全球会计规则制定中的影响力。我国会计资格考试"向内看"多于"向外看",服务国家内部的经济建设方面着力较多,放眼和布局国际方面的努力较少。

(二) 会计资格考试要促进会计人才供求平衡发展

我国会计资格考试采用政府主导的模式,这就要求政府发挥在人力资本领域的调控作用,通盘考虑国家经济建设和社会发展对会计人才的质量要求和数量需求,测算供求平衡点,引导社会公众、考生良性投入,避免出现人力资源的浪费或不足。

(三) 会计资格考试要承担疏解社会压力的公益责任

政府主导下的会计资格考试拥有强大的组织能力和社会公信力,大量非会计专业背景的人才、在校学生、待业与再就业人员通过会计资格考试找到一条客观、公平、改变人生的奋斗道路。会计资格考试要努力承担起社会责任,在考试过程中注重缓解社会压力、疏通社会情绪,体现会计资格考试应有的公益性质。

（四）会计资格考试要提升证书的国际影响力

大批国际化会计证书开始抢占中国会计市场，ACCA、ACA、QP、AICPA、Australia CPA、CFA、CMA、CIMA 等国际会计组织陆续在我国开办资格证书考试，报考人数逐年上升。这些英美体系的会计组织历史悠久、国际影响力大，有着非常丰富的会计人才培养经验，考试的内容、管理水平、培养方式等处于国际前沿。与之相比，我国会计资格考试的发展时间短、竞争实力尚有不足，提高会计资格考试的国际竞争力，加快会计资格考试与国际接轨的进程势在必行。

三、会计资格考试的改革探索

（一）推动"一带一路"国家会计人才培养

以"一带一路"倡议为契机，全面推动我国会计资格考试"走出去"，通过与"一带一路"国家会计考试达成互认互免，促进会计市场准入资格与国际接轨。同时，会计资格考试在报名条件、考试内容和考试方式等方面应满足"一带一路"经济建设需要，倡导"一带一路"国家出台政策，在企业人员薪资、职务晋升等方面与会计资格考试证书挂钩。

（二）发挥会计资格考试服务社会的功能

以"放管服"优化营商环境为指导，提高考试内容的实务性，增加考试频次实现"一年多考"，增加行政事业单位会计问题，提高对会计资格证书的认可度，实现各类资格证书之间的互认互免，减少考生在考试成本和精力方面的投入，关注考生的学习和考试习惯特点，全面优化会计资格考试。

（三）打造国际化的会计评价标准

会计考试在国际上有悠久的历史，形成了丰富的会计人才能力评价理论体系，在评价指标、评价内容、评价方法等实践方面也有许多我国会计人才评价体系建设可遵循之处。探索并形成具有中国特色的会计水平评价标准是我国会计资格考试的使命，社会环境的变化要求我们不断发展，形成既反映国际惯例又符合中国实践的会计考试制度。

（四）做好会计资格考试供给侧改革

对初级、中级、高级会计资格考试重新定位，充分挖掘社会对会计考试的需求，加强考试能力的建设。做大初级会计资格考试，使之逐步成为基础会计人员的必备资格；做强中级会计资格考试，提高中级会计师资格证书的"含金量"，使中级会计师成为具有综合管理能力的会计人才队伍的中坚力量；推进高级会计师国际化，使之与国际同类会计资格具有可比性，突出证书的国际美誉度。

四、研究的政策建议

听取考生的意见是提高会计资格考试效果的重要途径。已经通过考试的考生和即将参加考试的考生，对会计资格考试有怎样的评价和期望？特别地，了解考生对会计资格考试的考试内容、考试方法以及未来考试的改革方向有哪些看法，这也是本次研究的重要内容之一。

问卷中设计了开放式的问题"为了让会计资格考试更好地服务于工作，您认为会计资格考试需加强或增加哪些方面的考查内容？"以获取考生对会计资格考试内容方面更为广泛直接的意见和建议。此外，还设计了"您认为会计职称考试在未来需要改进的方面"的问题，并提供了五个选项：①初级考试难度较低，可以适当增加考试难度；②中高级难度较大，可以适当降低考试难度；③现有报考条件低，可适当提高报名条件；④每年仅组织一次考试，难以满足实际工作需要，可适当增加考试次数；⑤丰富考试方式，自主选择纸质考试或无纸化考试方式。

为了全面获得社会对会计资格考试的改革建议，本书还对在校大学生进行问卷调查，了解这些未来的、潜在的考生如何看待会计资格考试，从学生的视角对会计资格考试与其他会计水平考试进行比较并提炼改进建议。

本成果提出的政策建议主要包括：发挥会计资格考试对我国会计人才培养的引领作用；推动会计资格考试对"一带一路"倡议下区域化国际会计人才的培养；关注"80后""90后"考试群体对会计资格考试内容和方式的需求；推动我国会计资格证书与国内、国际各类证书的互免互认工作；改革会计资格考试的内容、突出实务性；做好会计资格考试的供给侧改革。

第三节　研究的思路与方法

一、研究思路

本书采用理论分析与调查研究相结合的方式，在系统回顾会计资格考试的发展、属性定位和历史使命的基础上，以问卷调查为手段，阶段性地总结和评价会计资格考试的基本现状和现存问题，最后提出改革建议。

首先，研究回顾会计资格考试的发展历史，对我国会计人才培养的相关制度进行了系统整理，对考试内容和方式等现状进行了总结。同时，研究讨论新时代会计资格考试面临的改革挑战，服务国家经济发展战略、互联网信息技术下的会计转型、新生代考生的成长以及提升证书国际化的需要对会计资格考试提出了改革的客观要求。

其次，进行问卷调查及分析。研究以匿名问卷的方式了解会计资格考试的实施效果和社会对会计资格考试的满意度，问卷将获取受访人员对考试动机、内容、方法、难度等的评价，并广泛收集受访人员提出的改进建议，作为提出会计资格考试改革建议的有益参考。

为全面地了解社会各界对会计资格考试的认知程度，本书将调查对象分为在校大学生、已经通过会计资格考试的考生和企业的高层管理人员等群体，并分别进行分析。其中：在校大学生群体以中央财经大学在校学生为样本，调查了在校学生对会计资格考试的了解程度，在校学生是未来的潜在考生，争取学生的认同也就是争取会计资格考试的未来；已经通过会计资格考试的考生是本书问卷调查的重点群体，他们的看法代表着最广大考生的实际感受；为了考察会计资格考试证书的客观价值，本书还以房地产行业上市公司为例，观察企业高管简历中描述的会计类型证书情况，以判断会计资格证书在社会中的地位。

再次，研究在政府部门牵头下证书的互认互免流程，并以会计资格考试、注册会计师和注册税务师为例，设计具体的互认互免方案。

最后，研究提出会计资格考试的政策建议。考虑会计资格考试面对的挑战，主要依据问卷调查的分析结果，结合考生所反馈的改进建议，提出未来会计资格考试的改革设想。

本书研究的路线如图1-1所示：

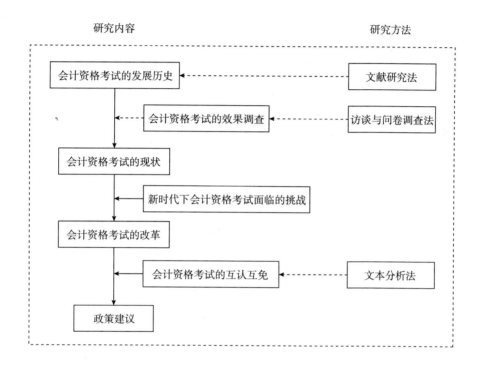

图1-1 研究的路线图

二、研究方法

（一）文献研究法

分析前期既有的文献，梳理会计人才培养发展历史及现状，明确会计人才能力框架和绩效评价的原理。

（二）访谈与问卷调查法

对企事业的管理人员、财务人员等进行访谈和问卷调查，总结会计专业技术资格考试的现状，发现问题并提出建议。

（三）文本分析法

运用 Python 技术比较各类会计资格的考试大纲、培养方案的差异程度，作为会计资格考试与国内国际其他会计类证书互认互免的前提基础。

第二章 我国会计人才培养历史沿革

第一节 会计职业能力框架

一、会计职业能力框架的内涵

人才培养是会计事业发展的百年大计。美国会计学会（1986）发布《未来会计教育：准备扩展的会计职业》（也称为"贝德福德委员会报告"），指出会计人才培养的重要性，在实务界引起强烈反响；当时的"八大会计师事务所"（1989）发布《教育展望：会计职业成功的能力》白皮书，建议会计教育要与实务界合作。自此，关注社会经济环境变化与会计专业发展需要、重视应用型人才培养、充分反映职业界的需求成为学界共识。

能力框架是专业人员能力培养的基础，会计人才的培养应当体现经济环境的变化，并将客观需要上升为能力框架，继而作为对会计人才培养的目标。从国际惯例上看，国际会计师联合会（IFAC）、加拿大特许会计师公会（CICA）、美国注册会计师协会（AICPA）和英国特许会计师协会（ACCA）等都公布了各自的能力框架。我国财政部也曾针对会计专业技术资格考试提出各级会计人员应具备的能力要求。

国际会计师联合会（2003）曾提出"成为胜任的职业会计师"框架，包括

"技术胜任能力""职业技能""职业价值观、伦理和态度"。其中,"技术胜任能力"分为财务报表审计、财务会计和报告、治理和风险管理、商业环境、税务、信息技术、商业法律法规、税务和财务管理;"职业技能"分为知识、人际交流、个人(自律)、组织;"职业价值观、伦理和态度"分为致力于公共利益、职业怀疑态度以及专业判断、伦理原则。

我国财政部(2009)提出初级、中级、高级等不同层级会计资格考试人员应具备的能力有:

(1)初级会计人员,应当具备会计基本操作能力,能够独立处理一般会计业务,协助会计主管完成相关财务、会计工作;应当较为系统地掌握会计实务原理和专业知识,熟悉财务管理的基本原理,并正确执行基本的财经法律制度。

(2)中级会计人员,应当具有扎实的财务会计理论功底,较为系统地掌握最新的会计准则制度,熟悉并能正确执行有关会计等财经法律制度,熟悉财务管理理论和方法,能够熟练运用上述专业知识草拟本单位比较重要的财务会计制度、规定和办法,对单位日常财务事项作出及时准确的职业判断等。具备对一般或常规业务的分析处理和专业判断能力,是中级会计专业技术人员的显著特征。

(3)高级会计人员,应当系统掌握经济、财务会计理论和专业知识,熟悉并能正确组织执行财经法律制度,具有较高的政策水平和丰富的财务会计工作经验,能够组织开展单位财务会计工作,制定本单位会计工作方案与办法,参与单位经营管理,能够对单位重大财务事项进行独立、合理的职业判断,能够协助单位负责人完成单位财务会计等相关工作。

二、会计教育与职业资格的关系

会计是一种根植于商业环境下的管理活动,会计人才的培养必须反映职业界的需求。栾甫贵(2013)提出会计教育中要体现后果意识,强调职业判断能力的培养,建议课堂中重点集中在难点、疑点、后果方面,注重知识点的梳理与整合,培养和锻炼学生的逻辑思维、求知欲望、后果意识、思考习惯。何玉润等(2013)通过比较中美高校会计教育的异同,提出从专业知识的构建、认知和智力技能、核心和转换能力、实务操作能力四个层次重构会计人才培养目标。刘玥等(2014)借鉴了国际会计教育准则,从职业会计师知识、技能和伦理等胜任能力养成和提升的角度，提出重新考察国内的会计师培训体系，把入职教育和后续教育有机结合起来。王海兵等（2017）提出会计资格考试体系框架应与会计职业胜任能力相匹配，各种会计岗位的会计人员能力需要体现"专业知识能力、职业技能能力、人才综合价值观"。

杨政等（2012）基于不同利益相关者的角度，提出大学本科会计专业的教学应强调职业综合能力与素质的训练，尤其是其未来职业成长所需的核心能力和基本素质的训练，会计教育要努力缩小既有人才培养目标与社会职业能力需求之间的缺口，加强国际交流满足日益变化的商业管理需要。孙铮等（2014）提出，美国注册会计师协会（AICPA）规定了申请报考 CPA 需要完成 150 学分的制度，一些大学商学院（特别是州立大学）纷纷通过课程设计，让学生经过本科段和硕士研究生段的学习，完成相应的 150 学分，以便满足报考 CPA 的申请条件。笔者进而建议国内大学教育与职业界保持一种协调的关系，通过课程认证等与从业资格保持适当的衔接，为在读学生提供减免资格考试项目的优待。李芸达等（2015）提出职业教育学校以通过会计资格考试作为衡量教学质量的标准，但学生即使通过了考试却依然不具备实务工作的能力，资格考试对职业教育的影响必须重视。

三、相关研究的趋势

（1）理论界逐步重视关于会计人才培养的主题，但关于会计资格考试的研究还很欠缺。诚如刘慧凤等（2015）研究发现，我国关于会计教育类型的论文发表质量不高，以 2009~2013 年发表的会计论文为例，发表在核心期刊上的仅占22.4%，在一定程度上反映了我国会计教育研究不够丰富的问题。会计资格考试作为我国人才培养中的一种重要方式，理论研究的匮乏与其实务影响的重大现状极其不匹配。即便相关研究中提及了资格考试，也缺乏系统和深入的探讨。

（2）对会计资格考试的关注主要来自政策制定层面，理论和实务界的研究不多。囿于以往会计资格考试的相关信息主要把握在政策制定者手中的局限，会计资格考试的有限资料均来自财政部门的官方资料，而来自民间的研究成果不多。这点与发达国家的相关研究差异比较大，国外关于会计研究的成果主要由民间力量完成，这与国外主要会计资格考试的主办机构多为民间组织有相当大的关系。随着我国行政事业单位职能改革的推进，会计考试的主办机构逐步向独立的行业自律组织转移，这就需要来自社会各界的共同智慧推进相关研究。

（3）会计教育应与职业界互动逐步成为共识，但关于如何进一步互动的研究较为匮乏。在与国际组织交流的过程中，一些研究人员逐渐意识到会计教育贴近职业需求的必要性，并据此提出改革高校学历教育的内容、方式方法等建议，甚至颇有预见地指出学历教育与资格考试之间互认互免的必然性（孙铮等，2014）。但对于如何建立互认机制、怎样评价是否符合互认等更进一步的问题，尚缺乏有力的学术研究支持。

第二节　我国会计人才评价历程

经济越发展，会计越重要。改革开放以来，为了适应市场经济的不断发展和经济建设的需要，国家不断探索和完善专业技术人员的选拔机制，建立客观、公正、公平、严格的考试制度，为现代化建设选拔了一大批高层次和具备高技能的专业会计人才。

我国的会计人才评价经历了会计干部技术职称评定、会计专业职务聘任和会计资格考试三个阶段。

一、会计干部技术职称评定（1978~1983 年）

新中国成立初期，各行业、各企业的会计制度并不一致，国家没有统一的会计准则来规范各行各业的会计工作，同一行业中的企业也会按照不同的记账方法与准则来编制财务数据，会计从业人员的专业技术水平与能力也是参差不齐。为了整顿乱象丛生的会计行业，健全会计行业的发展，使其辅助国内经济的恢复并为未来的经济发展打下坚实的基础，在新中国制定的第一个"五年计划"中，明确提出了加快建立会计准则、法规与制度的目标。这一时期，我国借鉴苏联的制度，在部分地区、部门和单位建立总会计师制，任命了一批有会计业务技术专长的人员为总会计师、主任会计师、会计师、会计员等，每个会计人员的称谓代表了相应的职务与技术评价。1963年初，国务院发布了《会计人员职权试行条例》，规定："对于会计人员，应当根据本人的工作能力，确定技术职称和等级。"但该条例由于各种原因，当时未能实施。至此，我国仍尚未正式建立起完善的会计技术职称评定制度。

1978年9月，国务院颁布了《会计人员职权条例》，首次对会计人员评定技术职称作出了规定。1981年3月，国务院颁布了《会计干部技术职称暂行规定》，规定中将会计干部技术职称相应定为高级会计师、会计师、助理会计师和会计员，并在全国范围内开展了会计干部技术职称评定行动。为了进一步落实会计干部技术职称评定工作，财政部于1983年颁布了《会计干部技术职称考核评定工作若干问题的具体规定》。截至1983年9月，全国共评定会计师5万人、助理会计师11.8万人、会计员31.2万人。会计干部技术职称评定工作增强了会计人员在经济建设中的责任感，提高了会计从业者的社会地位，调动了广大会计人员学习专业技术知识和不断提高业务能力的积极性，促进了会计人才的成长和会计工作的发展。

二、会计专业职务聘任（1986~1988年）

1983~1986年国家暂停了职称评定工作并进行了改革试点。1986年4月，财政部颁布了《会计专业职务试行条例》和《关于会计专业职务试行条例的实施意见》，将会计干部技术职称评定制度改为会计专业职务评聘制度。会计专业职务聘任制度的主要内容包括以下几点：①将会计专业职务名称定为：高级会计师、会计师、助理会计师、会计员。②各级国家机关对会计专业职务实行任命制，各事业单位对会计专业职务一般实行聘任制。③对参加会计专业职务评聘的从业人员的学历、从业年限、工作经验、专业水平以及职称对应的工作职责等作出了规定。④实行评聘合一的"单轨制"，即在部门内员工数量定额的情况下，按照一定的比例来安排高、中、初级会计专业职务人员的评聘数量与限额。

由于绝大部分会计人员不具备《会计专业职务试行条例》规定的学历要求，从会计实际出发，中央职称改革领导小组同意了财政部拟定的《关于不具备规定学历的会计人员评聘、聘任会计专业职务的暂行规定》，使不具备规定学历的会计人员也能有机会参加专业职务评聘的机会。截至 1988 年底，全国评聘的高级会计师 10719 人、会计师 243696 人、助理会计师 758022 人、会计员 1135714 人。

三、会计资格考试（1992 年至今）

1992 年 3 月，财政部、人事部联合颁布了《会计专业技术资格考试暂行规定》及其《实施办法》，决定从 1992 年 8 月 1 日起，除高级会计师仍实行评审制度外，对初、中级会计专业技术资格实行全国统一考试制度，不再进行相应会计专业职务的评审工作，并对考试的种类、科目设置、报考要求等作出了具体规定。从 2007 年起，高级会计师考评结合制度也在全国全面推行。

会计资格考试制度建立后，用人单位可根据工作需要和德才兼备的原则，从获得会计专业技术资格的会计人员中择优聘任，即实行评聘分离的"双轨制"，并在 1995 年、1997 年、2000 年、2004 年对该制度进行了多次修改。评聘分离的"双轨制"将会计从业人员的职称评定与职务评定相分离，从业人员可通过全国统一的相关考试来证明自己的从业能力与资格水平，用人单位可根据实际情况来确定需要招聘的会计人员的职称。对于高级会计师而言，除考试外还需要经过一个评审阶段，二者都通过后才能获得高级职称。

2016 年 11 月初，中央全面深化改革领导小组审议通过了《关于深化职称制度改革的意见》，确定了要增设正高级会计师的指导意见。《会计改革与发展"十三五"规划纲要》中提出，要推进会计人才培养，争取到 2020 年具备高级会计资格的人员达到 18 万人左右。

实行会计资格考试制度，是建立有效的会计人才选拔机制的要求。以往单纯的专业职务评聘办法，导致工作中出现唯学历、唯资历的倾向，大批通过自学成才和具有丰富实践经验的会计人员不能正常地参加专业职务的评聘，极大地挫伤了会计人员的积极性。实行会计资格考试制度，为有丰富实践经验的、不具有学历的会计人员开辟了一条道路，是切合会计人才队伍现状的一种客观选择，有利于提高会计人员的整体素质。

第三节　会计资格考试的发展历史

会计资格考试始于 1992 年。1992 年，由财政部、人事部共同成立了全国会计资格考试领导小组及其办公室（办公室设在财政部会计司）。2001 年，经中编办批复，财政部党组批准成立财政部会计资格评价中心，由全国会计考办和财政部会计资格评价中心共同负责全国会计资格考试工作。虽然会计资格考试实行时间并不长，但考试政策调整次数却不少，随着每一次的重大调整，会计资格考试的主要内容又有所变更。

会计资格考试大体上经历了以下三个阶段：

第一阶段：1992～1998 年为初创阶段。1992 年以前，我国对会计专业技术职务采用的是评审制度。1992 年 3 月 21 日，财政部、人事部制定了《会计专业技术资格考试暂行规定》及其《实施办法》，规定会计资格实行全国统一考试，不再进行相应的会计专业职务的评审工作，并对考试的种类、科目设置、报考要求等做出了具体规定。当时的考试级别共分为会计员、助理会计师、会计师资格 3 个级别，考试分为甲、乙两类（后改为 A、B 两类）。考试科目具体是：

会计员考试：会计与会计法规基本知识、会计实务。

助理会计师 A 类：会计实务、成本会计、经济法基础；助理会计师 B 类：助理会计师会计实务、成本会计、经济法基础、财务管理基础、会计原理。

会计师 A 类：会计师会计实务、管理会计、经济法概要；会计师 B 类：会计实务、管理会计、经济法概要、财务管理、审计。

其中，助理会计师、会计师的会计实务科目又分为企业和预算两类。

第二阶段：1998～2005 年为定型阶段。从 1998 年起，会计资格考试停止了预算类助理会计师、会计师的考试。从 1999 年起，原来的 3 个级别考试合并为两个级别考试，即将会计员和助理会计师合并为初级资格考试，中级资格（即会计师）考试不变。考试种类上不再区分 A、B 类，会计实务科目也不再区分企业类和预算类。在报考条件中提高了学历起点，报考中级资格必须具备大专以上

（含大专）学历。

第三阶段：2005年以后为完善阶段。从2005年起，中级资格考试科目定为中级会计实务、财务管理、经济法三个科目，初级资格考试科目为初级会计实务、经济法基础两个科目。对中级资格考试的考生成绩实行滚动管理，即必须在连续的两个考试年度内全部科目考试合格。初级资格考试仍须在一个考试年度内通过全部科目的考试。允许港澳居民报名参加会计专业技术资格考试。从2005年开始，会计资格考试逐步在全国范围内实行网上报名模式。此后，网络技术在会计资格考试中的运用越来越多，全国会计资格考试开始进入了网络时代。

经过近20年的发展和实践，会计专业技术资格考试从复杂到简单，考试级别、种类不断简化，考试科目渐趋合理，报考条件逐渐放开，考试管理不断规范。

第四节　我国会计人才培养的规划

当今世界正处在大发展大变革大调整的关键时期，世界多极化、经济全球化不断深入发展，科技进步日新月异，知识经济方兴未艾，人才成为推动社会文明进步、人民富裕幸福、国家繁荣昌盛的强大力量，人才发展已被各国列为赢得国际竞争主动权的重大战略选择，人才发展体制机制改革作为党的建设制度改革的重要内容，是全面深化改革的重要关注点。会计人才作为经济社会发展中人才的重要组成部分，十几年来，我国相继出台了一系列会计人才发展培养的政策和规划，进一步贯彻落实我国的人才强国战略，为实现全面建成小康社会的奋斗目标提供财会人才保证。

一、《国家中长期人才发展规划纲要（2010—2020年）》

2010年6月，中共中央、国务院印发了《国家中长期人才发展规划纲要（2010—2020年）》，这是我国第一个中长期人才发展规划，也是今后一段时期内全国人才工作的指导性文件。规划强调，要把人才作为经济社会发展的第一资源，深刻理解"服务发展、人才优先、以用为本、创新机制、高端引领、整体开发"的人才发展指导方针。规划指出，要加大会计等现代服务业人才培养开发力度，进一步扩大专业技术人才培养规模，提高专业技术人才创新创造能力；加快实施专业技术人才知识更新工程，构建分层分类的专业技术人才继续教育体系，预计到2020年，专业技术人才总量达到7500万人，占从业人员的10%左右，高级、中级、初级专业技术人才比例为10∶40∶50；在金融财会等经济社会发展重点领域，建成一批人才高地；提高我国企业现代化经营管理水平和国际竞争力，到2020年，培养1万名精通战略规划、资本运作、人力资源管理、财会、法律等专业知识的企业经营管理人才。

二、《会计行业中长期人才发展规划（2010—2020年）》

2010年，财政部印发了《会计行业中长期人才发展规划（2010—2020年）》，规划指出，会计人才作为我国人才队伍的重要组成部分，有利于维护市场经济秩序、推动科学技术发展和促进社会和谐进步。加强会计人才队伍建设，着力培养高层次会计人才，并以此引领和带动我国会计人才队伍发展，不但促进会计行业核心竞争力的提高和确保发挥会计工作对经济社会发展的职能作用，而且关系着国家人才战略的实施和创新型国家的建设。

新中国成立特别是改革开放以来，会计人才队伍不断壮大，截至2009年底，全国有近千万名会计人员，其中，具有高级职称的有9.4万人；30多万名注册会计师行业从业人员中有执业注册会计师9.2万人；副教授职称以上会计教育工作者约1万人。但同时，我们也应认识到，当前我国会计人才发展的总体水平同世界先进国家相比仍有较大差距，与我国经济社会发展需求相比也还有许多不适应的地方，如高层次复合型会计人才数量不能满足需求，会计人才结构和布局不够合理，会计人才发展的体制机制有待进一步完善，会计人才市场管理有待进一步加强和规范等。

该规划强调：第一，着力统筹开发其他各类各级会计人才。其他各类各级会计人才是我国会计队伍的主体力量，人员多且分布广。要加快对其他各类各级会计人才的培养，提供充足的会计基础管理人才资源，形成合理的不同类别和层级的会计人才布局，为高级会计人才提供重要储备；要在兼顾一般的同时突出重点，既重视会计初中级人才的培养，又重点关注高级会计人才，从而促进会计人才资源结构和布局优化，努力打造一支会计职业道德水准高、业务操作娴熟、能力综合全面、会计职业判断能力强的会计人才队伍，计划到 2020 年，实现高级、中级、初级会计人才比例为 10：40：50。

第二，深化会计职称制度改革。会计职称制度是被社会广泛认可的，用于选拔和培养不同层级的会计专业技术人才的有效政策措施。要不断适应经济社会发展需要，认真总结历史经验，借鉴国际惯例和规范，完善不同层级会计专业技术人才的知识结构和能力框架。改革现有会计专业技术资格制度，新增正高级会计专业技术资格，从而形成初级、中级、高级（含副高级和正高级）的会计专业技术资格体系，达到层次清晰、相互衔接、体系完整、逐级递进的要求；要继续规范与会计专业技术资格相关的各项管理制度，加强会计专业技术资格考试考务管理，严厉打击考试舞弊等违规违纪行为，确保会计专业技术资格考试的科学性和公正性，并努力推动会计专业技术资格在国际上被认可。

第三，加强应用型高级会计学科建设工程。适应经济社会发展对高素质应用型会计人才的需求，加大对应用型高层次会计人才的培养，以提升会计人才能力为导向，使会计学研究生教育逐步以应用型专业学位教育为主，同时实现会计专业学位教育与会计相关职业资格考试"双向挂钩"机制，进一步突出高层次会计教育的实务导向。

三、《全国会计领军人才培养工程发展规划》

2016 年财政部印发了《全国会计领军人才培养工程发展规划》，切实加强会计领军人才培养工作，进一步建立健全会计领军人才培养机制，实现会计领军人才培养的规范化、系统化和科学化。财政部在 2005 年正式启动了全国会计领军（后备）人才培养工程，经过长期的共同努力，领军培养工程取得了显著成效：项目规模有序扩张，截至 2015 年底已累计招收学员 1422 人，毕业 507 人，招收全国会计领军人才培养工程特殊支持计划（以下简称特殊支持计划）学员 27 人；学员素质全面提升，职务、职称普遍晋升，取得各类资格资质数量显著增加，学术成果丰硕，广受各级嘉奖。规划计划到 2020 年，再培养 600 名左右、累计培养 2000 名左右全国会计领军人才，分企业类、行政事业类、注册会计师类、学术类 4 类，担当会计行业领军重任；再培养 20 名左右、累计培养 50 名左右特殊支持计划学员，打造会计行业高层次、复合型、标志性的尖端会计领军人才。在 2020 年的基础上，到 2025 年再培养 700 名左右全国会计领军人才，再培养 30 名左右特殊支持计划学员。

第三章　新时代下会计资格考试 面临的挑战

第一节　会计资格考试服务于国家战略

会计资格考试是会计行业唯一由财政部门官方机构组织的考试，在产生之初就承载着为经济建设培养和选拔会计专业人才的历史使命，以完成国家赋予的特定政治任务为立业根本，这是会计资格考试区别于其他类型考试的最大不同。

会计资格考试应回归考试的公益属性，只要对国家的人才战略有利，就应积极筹划。未来的会计资格考试应关注社会考试"不愿做""不能做""做不了"的领域，改变以组织考试作为核心工作的现状，分离"教练员"和"运动员"的双重身份，将市场化的工作尽可能交给市场，突出政府机构应承担的规划、引导、监督等职能，在新时期开创新的发展道路。

一、会计人才培养的风向标

2010年，中共中央、国务院颁布实施了《国家中长期人才发展规划纲要（2010—2020年）》，提出将金融财会人才列为经济社会发展重点领域急需紧缺专门人才，将大规模开展重点领域专门人才知识更新培训作为开发紧缺专门人才的重要举措。会计人才培养模式主要包括学历教育、会计资格考试和在职培训三个层面，其中，会计资格考试已经成为国家会计人才培养最具影响力的方式之一。

会计资格考试对于会计人才的培养数量和培养质量发挥了至关重要的指向性作用。作为财政部门的官方考试机构，会计资格评价中心应承担起会计人才需求和供给的宏观调控职能。具体来说，应通盘考虑国家经济建设和社会发展对会计人才的总体数量需要和质量要求，在资格考试规模、考试内容等方面体现这些宏观要求，并以发布"会计人才指数"等方式，引导社会公众、考生、会计培训机构以及会计人才供给等良性发展，发挥政府在人力资本领域的调控作用，避免出现人力资源的浪费或不足。

这种行业发展的引领功能，既是官方机构的天然职责，也是社会发展的客观需要。我国每年大学教育培养的会计专业学生逐年增加，会计师、注册会计师等主流考试也投入了大量的社会资源，引导广大考生投身会计行业。无论是学校教育还是资格考试都需要总体测算供求平衡点，盲目地增加会计供给，也是一种社会资源的浪费。此外，还需考虑到不同地域、不同行业中会计人才的不均衡问题，某些领域还可能出现会计人才的供给不足。比如，2018年深圳市出现了注册会计师流失严重的问题，甚至影响到了其他行业的健康发展。

会计人才培养方向的宏观调控属于政府职能，社会营利机构没有动力做，行业协会也没有能力做。财政部门具有覆盖面宽、社会影响力大的优势，会计资格考试参与人数最多，财政部门易于在组织工作中获取数据、把握供需动态，是最贴近人才培养一线的组织。由财政部门组织的会计资格考试具有指挥棒的功能，对于人才调控最有发言权和领导力，"手里有枪、兜里有粮"，行业规划和管理也最具有力度。

二、引领会计改革

以财政部会计资格评价中心为主导的会计资格考试，必然以服务国家发展为首要任务。与其他的行业资格考试或者境外的洋证书不同，会计资格考试肩负着国家使命，会计资格考试应该牢牢地把握这样的发展脉络。当前，有一种观点认为，会计资格考试应该走市场化道路，笔者认为如果将市场化限定为满足考生和社会需要，这种观点尚可接受；但如果将会计资格考试与其他市场化运作的证书等同起来，并运用市场化手段进行盈利模式运行，笔者认为非常不妥。

考试是指挥棒，影响着考生的学习内容和学习方向。会计资格考试要在推动中国会计准则与国际惯例的趋同和服务中国企业"走出去"的战略中发挥引导性作用。从过去十余年的实践来看，会计资格考试内容及时地体现了新发布的各项会计准则、税收法规和其他法律规范的内容，在宣传和贯彻法律制度方面起到了重要的作用。但同时，国际会计准则属于原则导向的规范，特别强调会计师的职业判断，这与我国传统的规则导向的会计制度仍有所区别。这就要求会计资格考试的内容应当逐步从规则测试转向原则测试，例如，香港注册会计师考试（QP）采用开卷的形式，允许考生携带相关资料，考试题目也更加开放。

当前的会计资格考试"向内看"多于"向外看"，在服务国家内部的经济建设方面着力较多，放眼和布局国际方面的努力较少。随着我国经济上"走出去"战略的成功实施，我国的经济发展强势突出，相应地，会计考试能力的输出也应当匹配经济发展的强劲势头。国际"四大"会计师事务所、ACCA等资格考试都具备全球视野，每年创造的经济产值达数千亿美元。同时，考试提高了这些组织在全球会计规则制定方面的影响力，对提升国际竞争的"软实力"起到至关重要的作用。我国在"一带一路"倡议下，经济领域已经迈向世界，中国的会计资格考试能力也应及时规划和调整，为未来会计资格考试走向国际摸索合适的道路。

三、缓解社会压力

会计资格考试在产生之初就承载着缓解社会压力的使命，"以考代评"解决了历史上会计人员普遍学历不高的问题。对于通过自学成才的广大会计人员，会计资格考试为其提供了奋斗成功的途径。近年来，会计资格考试每年都吸引了数百万的考生，特别地，参加初级考试的考生人数增长最多，每年有约300万名考生报考。实际上，初级会计资格证书仅仅是入门级的考试，初级本身的应用价值很小，更多的考生是希望通过初级资格考试后继续向中级、高级资格证书迈进。这个现象反映出社会对会计知识的客观需求，也体现了广大考生希望通过会计考试提升个人会计专业水平的客观需求。

本书通过观察会计专业的大学毕业生，发现有许多对现状不甚满意的学生都会选择参加注册会计师或会计资格考试，希望通过个人奋斗改变现状。相对而言，注册会计师考试科目多、难度大，会计资格考试则因其难度适中而更适合于考生完成阶段性的目标；相对于境外"洋证书"的"嫌贫爱富"，会计资格考试才能真正发挥出"雪中送炭"的作用，为考生的人生成长搭建起成功的阶梯。未来，会计资格考试要努力承担起这个社会责任，在考试过程中要注重缓解社会压力、疏通社会情绪，真正体现会计资格考试应有的公益性质。

信息技术时代的会计考试要密切关注考生的特征变化。例如，考试命题环节对考生特点进行准确把握，考试形式更贴近考生的学习习惯，对社会舆情的及时观察和处置等。

四、提高会计考试国际影响力

会计资格考试输出也是创造经济增值的方式之一，美国的 CFA、CMA，英国的 ACCA、CIMA 等机构都向全球推出会计资格认证。会计资格证书分为两大类：一类是注册会计师执业资格考试，例如我国的注册会计师考试；另一类是面向企业会计师的能力考试，例如我国的财政部会计资格考试。我国当前会计类型的考试认证在全球的影响力还很有限，无法匹配我国经济总量快速增长的现实，也和我国日益扩大的国际影响力不相称。

财政部会计资格考试应利用自己独一无二的行业地位，积极探索本土会计资格证书的国际化问题。凭借"一带一路"倡议和不断开放的中国经济，探索我国会计资格考试国际化的可行路径和方式。我国会计资格考试拥有全球最强大的计算机考试能力，每年参与的考生数量巨大，十多年形成的考试经验确保了历年考试的顺利开展，考试的研发、组织和后续服务等环节也日趋完善，具备了面向国际化的基础和能力。

在探索"走出去"的可行途径的同时，会计资格考试还可以探索面向国内其他经济类型考试的能力输出。当前，我国与会计科目相关的考试类型繁多，如经济师、税务师、审计师、会计师和注册会计师等。各类考试各自为战，命题与考试能力重复，考生也为了取得不同的证书疲于奔波，但是对特定科目的考查在不同考试类型中考查内容却大同小异，造成了社会资源和人力资源的浪费。在众多涉及会计科目的资格考试中，会计资格考试的命题组织最权威、能力最强，可以调动的社会资源也最优，完全可以对其他考试设计的会计科目的考查产生替代作用。实践中，可以探索各类型考试证书之间的互认工作，对于通过会计资格考试，且在其他类型资格证书考试中涉及会计科目的考生，可以就会计科目进行免试，这样可以提高社会资源的利用效率。

第二节　信息技术对会计行业的影响

会计信息化改变了现有业务对会计人员的要求，会计核算流程的很多环节将不再需要更多的会计人员，人工智能的普及将会取代简单机械的信息录入等基础人力工作。会计核算面临信息技术的挑战，这使得我们更多需要的是复合型、管理型会计人才，仅仅掌握专业基础知识的会计从业人员将面临淘汰。

随着科学技术的快速发展，四大会计师事务所纷纷引入人工智能，推出财务机器人，基础的财务工作将由机器人承担。财务机器人可以快速阅读数千份复杂会计文件，从中提取和构建文本信息以便更好地作出分析。财务机器人还可以替代财务流程中的手工操作，管理和监控自动化财务流程，录入信息、合并数据、汇总统计，根据既定的业务逻辑进行判断，识别财务流程中的优化点。有了财务机器人，这些重复性高的工作就可以全部交由机器人执行，进而大大提高工作效率。如果财务人只会做账、核算等基础会计工作，将无法面对信息化时代的新挑战。

财务共享服务中心（Financial Shared Service Center，FSSC）是近年来出现并逐渐流行起来的会计和报告业务管理方式。它是指将分散的、重复的财务基本业务从企业集团成员单位抽离出来，集中到一个新的财务组织统一处理，这个新的财务组织即财务共享服务中心。通过互联网络，财务共享服务中心为分布在不同地区的集团成员单位提供标准化、流程化、高效率、低成本的财务共享服务，为企业创造价值。这样做的好处是保证了会计记录和报告的规范、结构统一，而且由于不需要在每个公司和办事处都设会计，节省了系统和人工成本，使更多财务人员从会计核算中解脱出来，能够有更多的时间和精力对公司业务部门的经营管理和高层领导的战略决策提供高质量的财务决策支持，促进核心业务发展。随着财务共享服务中心在各大企业集团取得成效，这个新事物也给财务人员带来了"危机感"，但实际上，这些信息化时代下新事物的出现主要是对财务人员的需求发生了改变，由以前的以财务会计为主转向了以管理会计为主。以往基础会计做的工作，比如付款、收款、会计凭证处理、费用报销、分类账、现金管理以及税务和资产管理现在都被纳入财务共享范畴，因此，因信息技术发展而受到影响的会计工作以财务会计为主。

CMA 考试近年来发展速度十分迅猛，正是由于现在很多财会专业的学生都更注重对管理会计的学习。毕竟目前无论是财务共享中心的建立，还是财务机器人的出现，财务会计受到的影响都将是最大的。在信息技术高度发达的时代下，面对时代对财务人员需求的变化，为企业选拔出复合型、管理型会计人才将成为会计资格考试改革的立足点和出发点。如果会计资格考试的内容还依然墨守成规，仅侧重于专业知识考核而缺乏综合能力测试，会计以及广大的会计从业人员将会跟不上时代大步向前的步伐。

第三节　新生代考生的学习特征

目前，"80 后"已经开始在会计资格考试中占据主体，而"90 后"和"00后"更是会计资格考试未来必然面对的新主体，了解和关注新主体的学习和考试习惯将对会计资格考试的改革产生积极的推动作用。

随着物质和文化生活的日渐丰富，父母的观念、社会的开放程度都在不断地变化，"80 后""90 后""00 后"呈现出一代强过一代的个性化特征。他们更加追求变化与个性的表达，渴望与众不同。

据腾讯公司和易观智库联合调查编写的《中国 90 后青年调查报告》，77.3%的"90 后"在日常购物时会注重自己是否喜欢，"80 后"在这一方面的比例为73.8%，这也是该群体"自我"群体性格的体现。在找工作方面，21.3%的"90后"在选择工作时更看重自己的兴趣，比例明显高于"80 后"（11.7%），找工作要符合自己的兴趣，不跟随主流，这也是新一代追求个性的体现。同时，在调查中，有42.2%的"90后"认为自己的自主意识比上一代更强，独生子女家庭催生了他们的群体自主性，他们更愿意由自己来决定自己的生活。

一、学习方式——碎片化学习

随着移动互联网技术的迅猛发展、新技术的支撑和生活节奏的加快，人类逐步进入碎片化学习时代。相对于系统的知识，零散的、碎片化的学习内容，一般依托于移动端网络平台，虽然它很难做到全面、完整，但是其借助快捷、及时的移动学习工具，使得学习者可以利用碎片化的时间不断获得新知识。碎片化的学习时间虽然很短，但是却能让学习者在短暂的学习时间里做完一道题、浏览完一个新闻、记住一个单词等，这种利用碎片化时间的学习已经成为很多人在等公交、坐地铁、餐桌旁的学习方式。碎片化学习具有个性化、灵活性强、高效率等优点，对于"80后""90后""00后"这样的互联网原住民，碎片化学习早已成为一种他们最为习惯的学习方式。

二、学习途径——信息化学习

现代年轻人的生活早已和互联网密不可分，笔记本、手机、iPad、电子书都是学习的常用工具。根据腾讯调查数据，52.8%的"90后"每日上网时长会超过3个小时，88.5%的"90后"会使用手机上网，而只有16.6%的"90后"认为离开网络对自己的生活完全没有影响。作为在互联网时代中成长起来的群体，互联网已经成为他们生活中的一部分，互联网带来的便利已经深深地影响了他们。一份针对大学生发布的调查问卷结果显示（见图3-1），199位被调查者中有87.44%的被调查者将浏览网络作为课余时间获取信息和知识的主要途径，远超于以纸质资料为主要途径的比例（65.83%），另外以电子书和知网等数据库为主要途径的比例也不小。利用信息技术途径进行学习也是新新人类的重要学习习惯。

三、学习内容——兴趣化学习

个性化的新新人类自我意识强烈，在学习内容的选择上也非常注重自己的兴趣爱好。在腾讯的报告中，我们注意到63.7%的"90后"表示只学习感兴趣的知

在课余时间，您获取信息或知识的主要途径是 [多选题]

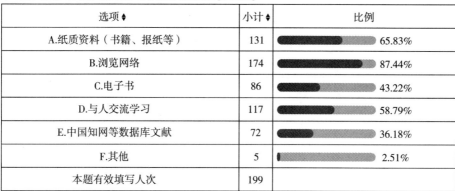

选项 ♦	小计 ♦	比例
A.纸质资料（书籍、报纸等）	131	65.83%
B.浏览网络	174	87.44%
C.电子书	86	43.22%
D.与人交流学习	117	58.79%
E.中国知网等数据库文献	72	36.18%
F.其他	5	2.51%
本题有效填写人次	199	

图 3-1　课余时间获取信息情况

识，23.8%的"90后"表示会主动学习，被动应付的"90后"比例仅为 6.6%，不会主动学习新知识的仅有 5.9%。"00后"更喜欢以对某领域的深刻见解和创造来定义自我，他们愿意为此投入，62%的"00后"表示愿意"对自己感兴趣的领域投入很多的时间和金钱"。

另外，1997 年以来的一系列教育改革使中国教育体系逐渐脱离死记硬背的模式，逐步迈向注重独立思考的西方模式，所以"90后"在学习能力和知识涉猎能力方面更加强势。从安排学习内容的角度来看，应该对新新人类更加注重培养模式的调整。

第四节　会计证书的国际化

新中国成立以来，我国会计职称制度经历了从评聘合一的"单轨制"到评聘分离的"双轨制"的转变过程。在"单轨制"下，会计专业职务根据会计工作需要定编定员，各单位高、中、初级会计专业职务的比例和限额都是确定的，也就是说会计职称制度在我国具有不可撼动的地位。自从 1992 年我国实行会计资格考试制度以来，会计职称便不再与工资、待遇挂钩，评聘分离的"双轨制"

由此开始，而在"双轨制"下，各单位对各级会计职称人员的比例和限额都可自由确定。在刚开始的十几年中，这种差别体现并不明显，因为当时我国对会计行业人才能力的衡量标准主要依靠会计资格考试制度，而随着经济社会的发展和国际化程度的加深，国外一大批会计行业的证书涌入我国，如 ACCA、AICPA、Australia CPA、CFA、CMA 等，并且这些国外证书越来越受到国内各用人单位的认可，会计资格考试面临着与国际间会计证书的竞争。

一方面，会计资格考试自 1992 年开始以来，尽管考试人数总量较高，但增长率较低，甚至徘徊不前，考试吸引力降低。会计资格考试 1992 年首次报考人数为 250 多万人，2001 年为 152 万人，2005 年则减至 126 万人。会计资格考试人数虽每年维持在 100 万人以上，但是下降趋势已经非常明显。相比之下，各类国际会计证书的报考人数却在逐年上升。在考试内容上与国际会计证书考试进行比较，我们发现国外类似的考试除考查财务会计和管理会计以外，还涉及经济学和管理学的一般理论、审计、法律、信息系统等，我国的会计资格考试在内容上有待提升。

另一方面，我国加入 WTO 以后，经济全球化程度不断加深，国际经济交流已成常态，然而国际上没有我国现行的会计专业技术资格中的会计职称称谓（高、中、初级会计师），当进行国际交流时，国际会计人士对此称谓难以理解，有碍国际交流。更为尴尬的是，我国境内的很多大型外商独资企业在聘任财务总监或财务经理时并不认可会计职称，而是认可中国注册会计师资格或境外会计师资格，在一定程度上表明我国会计技术资格考试没有得到国际上的认可。同类专业资格的国际互认问题得不到解决，既影响我国会计资格考试在国家间的权威性，也浪费了社会资源。综合以上两方面情况，提高会计资格考试的国际竞争力，加快会计资格考试与国际接轨的进程势在必行。

第四章　会计资格考试发展现状调查

第一节　问卷设计与发放

一、问卷的内容

调查问卷主要包括以下三部分：说明、受访人员基本信息和考试的感受与建议。

（一）调查的背景和目的说明

尊敬的先生/女士：

你好！全国会计资格考试对考核和评价会计从业人员的专业素质和业务能力发挥着重要作用。随着我国经济的发展和进步，社会对财经工作人员也提出了更高的要求，会计资格考试也需顺应时代潮流进行相应的调整。本课题开展此次问卷调查，旨在通过了解现有会计资格考试内容对于企业实际工作的有效指导情况，积极推动会计资格考试的改革。感谢您的积极参与，谢谢！

中央财经大学

"会计资格考试改革"课题组

二〇一八年九月

（二）受访人员的基本信息调查

我们在问卷中设计了年龄、性别、受教育程度、工作职务、具体行业、工作单位性质、已经取得的资格证书、居住地、个人月收入等问题。试图通过对受访人员工作单位的性质和具体行业、居住地等信息的统计，观察研究分布的地域性和行业代表性；通过对受访人员年龄、性别、受教育程度、工作职务、月收入等信息的统计，观察会计资格考试参与群体的基本状况，以及对会计资格考试的满意度，探究是否会存在这些方面的差异。

问卷中的问题设计如下：

1. 您今年的年龄_____【单选】

（1）18～25岁

（2）26～35岁

（3）36～45岁

（4）46～55岁

（5）56岁及以上

2. 您的性别_____【单选】

（1）男性

（2）女性

3. 您的受教育程度_____【单选】

（1）初中及以下

（2）高中及中专

（3）大专

（4）大学本科

（5）硕士及以上

4. 您的工作职务_____【单选】

（1）普通员工

（2）基础管理人员

（3）中层管理人员

（4）高级管理人员

5. 您所在单位所属的具体行业_____【单选】

（1）农、林、牧、渔业

（2）采矿业

（3）制造业

（4）煤电水基础设施行业

（5）建筑业

（6）批发零售业

（7）交通运输业

（8）金融业

（9）其他服务业

（10）教育、科技、文化产业

（11）其他行业

6. 您所在单位的性质_____【单选】

（1）国有企业

（2）民营企业

（3）集体企业

（4）外资企业

（5）政府机关、事业单位

（6）其他

7. 您已经取得的资格证书_____【多选】

（1）初级会计师

（2）中级会计师

（3）高级会计师

（4）注册会计师

（5）（注册）税务师

（6）国外会计类证书（例如 ACCA、CMA 等）

（7）其他

8. 您的居住地_____【单选】

（1）直辖市

（2）省会城市/计划单列市

（3）地级市

（4）县级市

（5）建制镇（含县城关镇）

（6）农村

9. 您个人的月收入相当于下面哪一个档次？这里指的收入包括工资、奖金、津贴、理财和第二职业等所有收入_____【单选】

（1）5000 元及以下

（2）5001～10000 元

（3）10001～15000 元

（4）15001～20000 元

（5）20000 元以上

（6）保密

（三）对会计资格考试的感受及期待

这部分内容主要访问考生对会计资格考试的感受，包括考试动机、考试内容对提高工作能力的作用、考试难度以及对考试的建议等问题。其中，我们按照考试内容在考生实务工作中的应用频率来衡量考试内容在实务工作中的实效性。我们进一步认为，如果考生认为考试内容在实务工作中应用的频率高，该考生对会计资格考试的满意度评价也会相应高一些，由此，研究还建立了回归模型，观察影响考生满意度的因素及其显著程度。

将受访人员的基本情况按照考试的感受予以交叉分类，可以观察不同类型考生对会计资格考试的看法。例如，按照考生取得的会计资格证书划分为初级、中级、高级，然后分类观察每类考生对会计资格考试的满意度、每类考生对考试难度的看法、每类考生对考试内容的实务应用性感受等，为最终各类考试的改革建议提供重要参考。

本部分问卷的内容包括：

1. 您报考会计资格考试的动机是_____【单选】

（1）行业压力大，提高竞争力

（2）升职加薪

（3）求职或转行

（4）自身学习意愿强

（5）会计从业资格证书取消

2. 您认为取得会计职称对于提高工作能力（或求职等）的作用是_____

【单选】

（1）很大

（2）较大

（3）一般

（4）较小

（5）很小

3. 会计职称的考试难度

3a. 您认为初级会计职称考试的难度是_____【单选】

（1）很大

（2）较大

（3）一般

（4）较小

（5）很小

3b. 您认为中级会计职称考试的难度是_____【单选】

（1）很大

（2）较大

（3）一般

（4）较小

（5）很小

3c. 您认为高级会计职称考试的难度是_____【单选】

（1）很大

（2）较大

（3）一般

（4）较小

（5）很小

4. 请根据您的工作经验和理解，按照会计职称考查的内容在您工作中的应用频率，请在对应的选项中打"√"。

考查内容	很常用	常用	一般	较少	很少
财务会计（核算、报表与信息披露等）					
管理会计（预算管理、成本控制等）					
财务管理（资金管理调拨、现金预算等）					
战略管理（参与公司战略决策）					
法律（合同法）					
税收（如申报、政策研究与筹划）					
风险管理（如内控制度和审计）					
财务分析（如利用资本运作筹资、重大投融资策略分析等）					
商业环境（各类宏观政策和监督政策分析）					
绩效管理（业绩考核评价等）					
企业管理（供应链管理、生产管理、项目管理、企业文化等）					

5. 您认为现有会计资格考试内容的主要特点是_____【单选】

（1）考试题目很贴近实际工作，基本可以解决实际工作中的问题

（2）考试内容偏理论，跟实际工作中的问题相差较大，但还是有所帮助

（3）考试内容在实际工作中基本用不上

6. 您对现有会计专业技术资格无纸化考试方式的态度是_____【单选】

（1）无纸化考试非常好，没有问题

（2）无纸化考试可以接受，但仍存在一些问题

（3）无纸化考试不符合传统的阅读书写习惯，限制了答题速度，有很大问题

7. 总体来说，您对会计资格考试的内容、方式等的满意度是_____【单选】

（1）很好

（2）较好

（3）一般

（4）较差

（5）很差

8. 总体感受

8a. 为了让会计资格考试更好地服务于工作，您认为会计职称考试需加强或增加哪些方面的考查内容？_____【开放式问答】

8b. 您认为会计职称考试在未来需要改进的方面有_____【多选】

（1）初级考试难度较低，可以适当增加考试难度

（2）中高级难度较大，可以适当降低考试难度

（3）现有报考条件低，可适当提高报名条件

（4）每年仅组织一次考试，难以满足实际工作需要，可适当增开考试次数

（5）丰富考试方式，自主选择纸质考试或无纸化考试方式

（6）其他，您认为还需改进的地方

二、问卷的发放与回收

（一）问卷的发放途径

问卷调查对象以参加北京国家会计学院、中央财经大学、北京交通大学举办的财务培训班学员为主，通过微信手机问卷方式，访问对象包括政府、企业、事业单位的财务人员。参与调查的代表性单位包括中国水利水电建设集团有限公司、中国铁道建筑集团有限公司、中铁建工集团有限公司、内蒙古伊利实业集团股份有限公司、中国煤炭科工集团有限公司、中国科学院控股有限公司、国家卫生健康委员会下属事业单位财务人员、国家卫生健康委员会会计领军人才班、黑龙江省会计领军人才班、海南省会计领军人才班等。

调查采用"问卷星"系统，每个手机 IP 只能填写问卷一次，避免了重复填写问题。本次调查时间为 2018 年 9 月 18~30 日，共收回有效问卷 1560 份，其中男性 533 人、女性 1027 人；90% 的人员年龄处于 26~45 岁；90% 以上的人员具有大专及以上学历。

（二）问卷的信度与效度

运用 SPSS 统计软件，测得问卷的数据整体信度系数值为 0.770，大于 0.7，研究数据信度质量良好。针对"项已删除的 α 系数"，任意题项被删除后，信度系数并不会有明显的上升，综合说明数据信度质量高，可用于进一步分析（见表 4-1）。

表4-1 样本信度检测情况

选项	Cronbach 信度分析		Cronbach'α 系数
	校正项总计相关性（CITC）	项已删除的α系数	
年龄	0.031	0.772	
性别	0.156	0.769	
受教育程度	0.031	0.772	
工作职务	−0.133	0.779	
所在单位所属的行业	0.365	0.767	
所在单位的性质	0.346	0.761	
初级会计师	0.014	0.771	
中级会计师	−0.116	0.774	
高级会计师	−0.001	0.772	
注册会计师	0.166	0.769	
（注册）税务师	0.013	0.771	
国外会计类证书（例如 ACCA、CMA 等）	−0.022	0.771	
其他	0.041	0.771	
居住所在地	−0.036	0.776	
个人的月收入	−0.209	0.793	0.77
报考会计专业技术资格考试的动机	0.102	0.773	
取得会计职称对于提高工作能力（或求职等）的作用	0.18	0.768	
初级会计职称考试的难度	0.137	0.77	
中级会计职称考试的难度	0.081	0.771	
高级会计职称考试的难度	0.089	0.772	
财务会计	0.262	0.765	
管理会计	0.62	0.746	
财务管理	0.482	0.755	
战略管理	0.532	0.752	
法律	0.573	0.749	
税收	0.529	0.751	
信息系统	0.623	0.745	
风险管理	0.58	0.749	

续表

选项	Cronbach 信度分析		
	校正项总计 相关性（CITC）	项已删除的 α 系数	Cronbach' α 系数
财务分析	0.576	0.748	
商业环境	0.595	0.748	
绩效管理	0.564	0.749	
企业管理	0.646	0.745	
职业道德	0.393	0.759	
考试内容的主要特点	0.076	0.771	
无纸化考试方式的态度	−0.069	0.774	
会计专业技术资格考试的满意度	0.211	0.767	
初级考试难度较低，可以适当增加考试难度	−0.006	0.772	0.77
中高级难度较大，可以适当降低考试难度	−0.239	0.776	
现有报考条件低，可适当提高报名条件	−0.07	0.773	
每年仅组织一次考试，难以满足实际工作需要，可适当增开考试次数	−0.168	0.775	
丰富考试方式，自主选择纸质考试或无纸化考试方式	0.139	0.769	
其他	−0.038	0.771	

运用 SPSS 统计软件，测得问卷的所有研究项对应的共同度值均高于 0.4，说明研究项信息可以被有效地提取。另外，KMO 值为 0.73，大于 0.6，意味着数据具有效度。另外，14 个因子的方差解释率值分别是 15.304%、7.957%、5.288%、4.889%、4.490%、4.468%、4.388%、3.670%、3.522%、3.434%、3.416%、3.248%、3.229%、3.196%，旋转后累积方差解释率为 70.498% > 50%。意味着研究项的信息量可以有效地提取出来（见表 4-2）。

（三）受访人员所在地区

受访人员覆盖全国所有省、自治区和直辖市，来自北京和内蒙古的人员较多，分别占比 31.6% 和 13.14%，西南地区的四川人数居多，占比 7.31%。受访人员所在地区以大中城市为主，其中省会城市/计划单列市、直辖市占比约 77.18%（见图 4-1、图 4-2）。

表4-2 样本效度检测结果

效度分析结果

选项	因子载荷系数														共同度
	因子1	因子2	因子3	因子4	因子5	因子6	因子7	因子8	因子9	因子10	因子11	因子12	因子13	因子14	
年龄	-0.14	0.11	0.751	0.122	0.102	0.12	-0.109	0.116	0.093	0.027	-0.227	-0.021	-0.003	0.093	0.731
性别	0.142	0.095	-0.222	0.184	-0.082	-0.013	-0.038	0.189	0.005	0.135	-0.25	0.658	0.047	-0.067	0.676
受教育程度	-0.119	0.541	0.215	0.209	0.017	-0.094	0.1	-0.043	-0.341	0.045	0.157	0.06	-0.15	-0.142	0.607
工作职务	-0.269	0.161	0.697	0.017	0.047	0.117	-0.114	0.1	-0.041	0.178	0.179	-0.226	-0.095	-0.045	0.751
所在单位所属的行业	0.172	0.08	0.109	0.813	0.085	0.17	-0.023	-0.002	0.065	-0.038	-0.021	0.055	0.026	0.005	0.755
所在单位的性质	0.15	0.047	0.04	0.845	0.012	-0.005	-0.084	-0.085	0.094	-0.017	-0.072	0.017	-0.092	0.131	0.796
初级会计师	0.333	-0.196	-0.458	-0.15	-0.056	-0.168	-0.135	-0.168	-0.122	0.174	-0.077	-0.284	0.141	-0.179	0.644
中级会计师	-0.099	0.07	0.038	0.068	-0.021	0.001	-0.047	0.05	-0.054	-0.89	0.021	-0.1	0.006	0.015	0.831
高级会计师	-0.209	0.425	0.377	0.14	-0.066	0.128	-0.088	0.203	-0.009	0.479	-0.039	-0.031	-0.182	0.212	0.766
注册会计师	0.012	0.222	0.002	0.141	0.05	0.681	0.079	-0.004	0.173	-0.132	0.174	-0.121	0.023	-0.009	0.635
（注册）税务师	-0.034	-0.093	0.158	0.053	-0.041	0.681	-0.09	0.013	-0.092	0.149	0.06	-0.056	0.059	0.147	0.573
国外会计类证书（例如ACCA、CMA等）	-0.075	0.035	-0.001	-0.033	0.008	0.397	-0.046	0.032	0.01	-0.025	0.719	-0.028	0.1	0.013	0.697
其他	0.044	-0.398	0.074	-0.079	0.152	-0.132	0.156	-0.063	0.254	0.123	0.182	0.605	-0.017	-0.006	0.719
居住所在地	0.028	-0.359	-0.049	0.104	0.02	-0.028	-0.115	0.034	0.406	0.15	-0.261	-0.455	0.028	0.084	0.629
个人的月收入	-0.269	0.16	0.357	-0.144	-0.114	0.379	0.188	0.14	-0.068	0.089	0.364	-0.081	-0.157	-0.067	0.638
报考会计专业技术资格考试的动机	-0.075	0.123	0.058	0.131	-0.006	0.024	0.161	0.053	0.791	0.049	0.036	0.101	0.014	-0.143	0.731

续表

效度分析结果

选项	因子 1	因子 2	因子 3	因子 4	因子 5	因子 6	因子 7	因子 8	因子 9	因子 10	因子 11	因子 12	因子 13	因子 14	共同度
取得会计职称对于提高工作能力（或求职等）的作用	0.037	0.157	-0.214	0.02	0.147	0.125	0.677	-0.105	0.199	0.069	-0.103	0.223	0.084	0.027	0.691
初级会计职称考试的难度	0.111	0.705	0.014	-0.092	-0.083	-0.029	-0.069	-0.085	0.098	-0.068	0.2	-0.039	0.012	0.059	0.596
中级会计职称考试的难度	-0.054	0.828	0.003	0.07	-0.049	0.015	-0.042	-0.052	0.056	-0.057	-0.059	0.048	0.172	-0.029	0.744
高级会计职称考试的难度	-0.137	0.733	0.113	0.074	0.016	0.125	-0.062	0.153	0.087	0.066	-0.075	0.011	-0.002	0.251	0.698
财务会计	0.09	-0.139	0.028	0.069	0.848	0.036	0.038	0.003	0.052	-0.008	-0.007	0.011	-0.093	0.033	0.768
管理会计	0.595	0.012	0.037	0.149	0.528	0.001	0.128	-0.051	-0.118	0.087	0.018	0.018	-0.017	-0.106	0.709
财务管理	0.503	0.074	-0.028	-0.12	0.666	-0.04	-0.049	0.075	-0.032	-0.003	-0.049	-0.047	0.133	-0.075	0.757
战略管理	0.782	-0.004	-0.177	-0.098	0.128	0.071	0.1	0.01	-0.074	-0.112	-0.168	-0.037	0.042	-0.07	0.738
法律	0.773	-0.002	-0.024	0.044	0.052	-0.07	-0.043	-0.011	0.084	-0.107	-0.041	0.077	-0.165	0.091	0.671
税收	0.489	0.022	0.053	0.265	0.42	-0.275	-0.039	-0.181	0.069	0.031	0.048	0.159	-0.072	0.302	0.729
信息系统	0.648	0.065	0.005	0.137	0.217	-0.14	-0.019	0.009	0.238	0.191	0.215	0.096	-0.062	0.119	0.676
风险管理	0.817	-0.153	-0.012	-0.015	0.111	-0.009	0.06	-0.021	0.061	0.056	0.086	-0.072	-0.034	-0.117	0.742
财务分析	0.78	-0.224	0.007	0.135	0.148	0.019	0.089	-0.083	-0.151	0.043	-0.032	0.037	0.113	-0.061	0.757
商业环境	0.831	0.004	-0.183	0.052	-0.099	0.084	0.117	0.077	0.018	0.064	-0.127	-0.016	0.065	-0.131	0.806
绩效管理	0.751	0.065	-0.018	-0.011	-0.002	-0.091	0.076	0.048	0.049	-0.042	-0.017	0.034	0.011	0.188	0.626

续表

效度分析结果

选项	因子载荷系数														共同度
	因子1	因子2	因子3	因子4	因子5	因子6	因子7	因子8	因子9	因子10	因子11	因子12	因子13	因子14	
企业管理	0.837	0.048	-0.106	0.146	0	0.047	-0.027	0	-0.101	0.023	-0.035	0.061	0.021	0.097	0.764
职业道德	0.323	0.287	-0.052	0.075	0.045	0.023	0.083	0.328	0.307	-0.069	0.17	-0.122	0.029	0.27	0.528
考试内容的主要特点	0.056	-0.119	-0.116	0.047	-0.069	-0.008	0.734	0.206	-0.095	-0.103	0.003	-0.067	-0.179	0.103	0.685
无纸化考试方式的态度	-0.096	-0.183	0.122	0	-0.024	-0.417	0.052	0.712	0.013	0.107	0.009	-0.013	0.085	0.009	0.76
会计专业技术资格考试的满意度	0.266	-0.127	0.124	-0.193	0.017	-0.113	0.719	0.006	0.116	0.097	0.059	0.005	-0.02	-0.093	0.706
初级考试难度较低，可以适当增加考试难度	0.01	0.121	0.023	-0.105	-0.005	0.105	-0.143	-0.026	0.093	-0.051	-0.017	0.039	0.817	0.161	0.766
中高级难度较大，可以适当降低考试难度	-0.073	-0.579	-0.145	-0.083	-0.069	-0.224	-0.073	-0.12	0.037	-0.107	0.441	0.078	-0.11	0.17	0.697
现有报考条件低，可适当提高报名条件	-0.171	0.09	-0.138	0.415	-0.112	-0.118	0.15	0.123	-0.296	0.062	0.256	-0.129	0.502	-0.025	0.72
每年仅组织一次考试，难以满足实际工作需要，可适当增开考试次数	-0.05	-0.074	-0.054	-0.105	0.016	-0.114	-0.036	-0.003	0.106	-0.026	-0.019	0.058	-0.144	-0.851	0.797

续表

效度分析结果

选项	因子载荷系数														共同度
	因子1	因子2	因子3	因子4	因子5	因子6	因子7	因子8	因子9	因子10	因子11	因子12	因子13	因子14	
丰富考试方式，自主选择纸质考试或无纸化考试方式	0.076	0.125	0.083	-0.1	0.022	0.266	0.063	0.753	0.047	-0.079	-0.008	0.121	-0.074	-0.017	0.709
其他	-0.127	0.046	-0.554	0.014	0.158	0.121	0.039	0.132	0.066	0.3	-0.07	-0.049	-0.319	0.052	0.59
特征根值（旋转前）	7.302	4.141	2.308	2.165	1.921	1.718	1.523	1.451	1.377	1.279	1.185	1.159	1.077	1.003	—
方差解释率（旋转前）	17.385%	9.861%	5.495%	5.155%	4.574%	4.091%	3.626%	3.454%	3.279%	3.046%	2.822%	2.761%	2.564%	2.388%	—
累积方差解释率（旋转前）	17.385%	27.246%	32.741%	37.896%	42.469%	46.560%	50.186%	53.639%	56.918%	59.964%	62.786%	65.546%	68.110%	70.498%	—
特征根值（旋转后）	6.428	3.342	2.221	2.053	1.886	1.877	1.843	1.541	1.479	1.442	1.435	1.364	1.356	1.343	—
方差解释率（旋转后）	15.304%	7.957%	5.288%	4.889%	4.490%	4.468%	4.388%	3.670%	3.522%	3.434%	3.416%	3.248%	3.229%	3.196%	—
累积方差解释率（旋转后）	15.304%	23.261%	28.549%	33.438%	37.927%	42.396%	46.783%	50.453%	53.975%	57.410%	60.825%	64.073%	67.302%	70.498%	—
KMO值	0.73														
巴特球形值	2612.698														
Df	861														
p值	0														

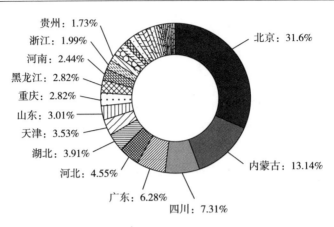

图 4-1　样本分布扇形图

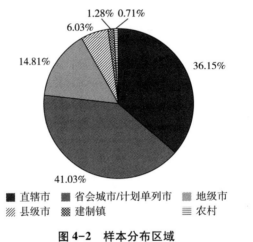

图 4-2　样本分布区域

第二节　总体样本的统计

一、受访人员的基本情况

(一) 基本结论

本节选取了整体样本，分别探究了以下问题：①报考专业考试的动机；②会计资格考试对提高工作能力的作用；③会计资格考试的内容特点；④对考核内容、方式等的满意度；⑤会计资格考试在未来需要改进的方面等。

然后将样本按性别进行细分，以探究资格考试的内在规律。通过本节的研究，我们得出以下主要结论：

（1）报考会计资格考试的动机主要是提高竞争力来应对行业压力，其次还有出于升职加薪和自身学习意愿较强的考虑；

（2）受访人员认为取得会计职称对于提高工作能力或多或少地有所帮助；

（3）大部分的受访人员认为资格考试内容偏理论，与实际间有一定差距；

（4）大部分的受访人员对无纸化考试形式、考核的内容和方式比较满意；

（5）受访人员都普遍认为初级资格考试难度较低、中级资格考试难度较大；现有报考条件要求较低，适当提高报考条件；每年组织一次考试难以满足实际工作需要，可适当增开考试次数。

（二）统计结果

1. 受访人员所在单位的性质

受访人员所在单位的性质以国有企业为主，占比 52.24%，其次为政府机关、事业单位及民营企业，分别占比 26.73% 和 11.92%，其他包括外资企业、集体企业等，占比总和不超过 10%（见图 4-3）。

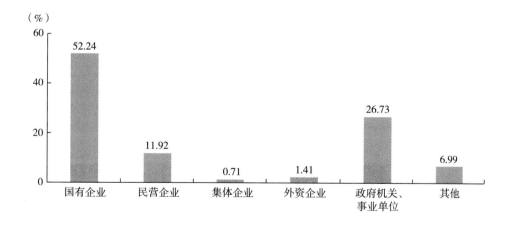

图 4-3 受访人员所在单位性质分布

2. 受访人员的职务

受访人员中普通员工占比 36.92%，基础管理人员及中层管理人员共占比 56.15%，高级管理人员占比 6.92%（见图 4-4）。

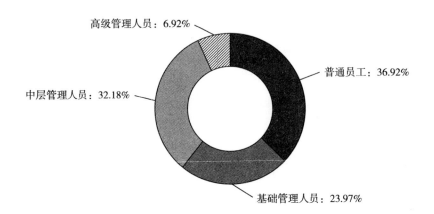

高级管理人员：6.92%

中层管理人员：32.18%

普通员工：36.92%

基础管理人员：23.97%

图 4-4　受访人员职务分布

3. 受访人员的月收入水平

受访人员月收入水平主要在 15000 元以下，占比约 78%，15001~20000 元占比 6.47%，20000 元及以上占比 11.67%（见图 4-5）。

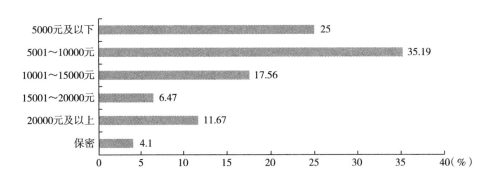

图 4-5　受访人员月收入情况分布

4. 受访人员取得的资格证书情况

受访人员主要持有证书有初级会计师资格证、中级会计师资格证、高级会计师资格证及注册会计师资格证，其中持有比例最高的是中级会计师资格证，为34.68%，次之为初级会计师证、高级会计师证及注册会计师证，其比例分别为27.44%、24.74%、12.88%，而（注册）税务师资格证及国外会计类证书的持有比例都不超过5%（见图4-6）。

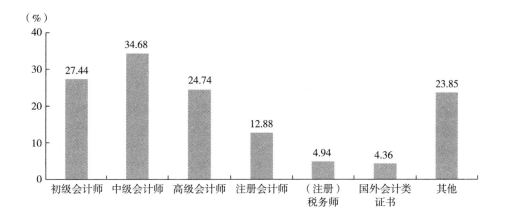

图4-6　受访人员取得的资格证书分布

二、受访人员对会计资格考试的感受

（一）报考会计专业技术资格考试的动机

从报考动机上来看，40%以上的受访人员是为了提高竞争力来应对行业压力；部分受访人员是为了升职加薪或者是自愿学习，占比分别为26.79%、22.56%（见表4-3）。

表4-3　报考专业资格考试动机

选项	小计	占比（%）	
行业压力大，提高竞争力	659		42.24
升职加薪	418		26.79
求职或转行	79		5.06
自身学习意愿强	352		22.56

选项	小计	占比（%）
会计从业资格证书取消	52	3.33
本题有效填写人次	1560	

（二）取得会计职称对于提高工作能力（或求职等）的作用

受访人员中，绝大多数人认为会计职称对提高工作能力或求职有作用，其中 28.01% 的人认为作用"很大"，40.06% 的人认为作用"较大"，28.33% 的人认为作用"一般"（见表4-4）。

表4-4　取得会计职称对于提高工作能力作用情况

选项	小计	占比（%）
很大	437	28.01
较大	625	40.06
一般	442	28.33
较小	33	2.12
很小	23	1.47
本题有效填写人次	1560	

（三）会计专业技术资格考试内容的主要特点

受访人员中少部分人（24.36%）认为"考试题目很贴近实际工作"，大部分（67.37%）认为"考试内容偏理论，与实际工作相差较大"，其余少数人认为"考试内容在实际工作中基本用不上"（见表4-5）。

表4-5　会计专业各考试内容特点分布

选项	小计	占比（%）
考试题目很贴近实际工作，基本可以解决实际工作中的问题	380	24.36
考试内容偏理论，跟实际工作中的问题相差较大，但还是有所帮助	1051	67.37
考试内容在实际工作中基本用不上	129	8.27
本题有效填写人次	1560	

（四）对会计专业技术资格考试的内容、方式等的满意度

受访人员中有15.64%的人认为会计专业技术资格考试内容、方式"很好"，接近一半（48.46%）的人认为其"较好"，33.53%的人认为其"一般"，仅2.37%的人认为其"较差"或"很差"（见表4-6）。

表4-6　会计专业技术资格考试的内容、方式等满意度情况

选项	小计	占比（%）
很好	244	15.64
较好	756	48.46
一般	523	33.53
较差	31	1.99
很差	6	0.38
本题有效填写人次	1560	

（五）会计资格考试需要改进的方面

有63.27%的人认为"可适当增加考试次数"，有40.32%的人认为"中高级难度较大"，同时有33.59%和30.19%的人分别认为需要"丰富考试方式"和"提高报名条件"（见表4-7）。

表4-7　会计专业技术资格考试需要改进的方面

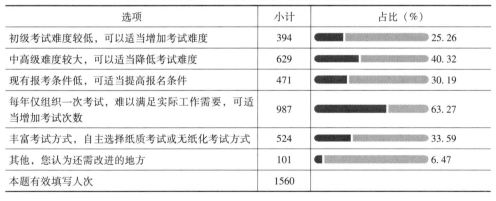

选项	小计	占比（%）
初级考试难度较低，可以适当增加考试难度	394	25.26
中高级难度较大，可以适当降低考试难度	629	40.32
现有报考条件低，可适当提高报名条件	471	30.19
每年仅组织一次考试，难以满足实际工作需要，可适当增加考试次数	987	63.27
丰富考试方式，自主选择纸质考试或无纸化考试方式	524	33.59
其他，您认为还需改进的地方	101	6.47
本题有效填写人次	1560	

（六）考生性别对满意度的影响

我们进一步将研究样本划分为男性和女性，通过研究对象的细分以探究资格

考试的内在规律（见表4-8）。

表4-8 不同性别样本满意度描述性统计结果

选项	描述分析结果——基础指标					
	样本量	最小值	最大值	平均值	标准差	中位数
您的年龄	1560	1	5	2.479	0.815	2
您的职务	1560	1	4	2.091	0.98	2
您个人的月收入	1560	1	6	2.569	1.438	2
会计职称对于提高工作能力（或求职等）的作用	1560	1	5	2.09	0.879	2
您认为初级会计职称考试的难度	1560	1	5	3.449	0.931	3
您认为中级会计职称考试的难度	1560	1	5	2.404	0.795	2
您认为高级会计职称考试的难度	1560	1	5	1.942	0.904	2
您对无纸化考试方式的态度	1560	1	3	1.628	0.647	2
您对会计资格考试的满意度	1560	1	5	2.23	0.744	2

我们对问卷中可能体现性别差异的项目进行了检验分析，选择了年龄、职务、已经取得的会计资格证书（初级、中级、高级）、个人月收入、会计职称对提高工作能力的作用、考试难度（初级、中级、高级）、对无纸化考试方式的态度、会计资格考试的满意度12项指标（见表4-9）。

表4-9 不同性别样本已经取得的资格证书统计表

选项	初级会计师	中级会计师	高级会计师
男性	112（21.01%）	213（39.96%）	183（34.33%）
女性	316（30.77%）	328（31.94%）	203（19.77%）

进行T检验发现：在会计职称对于提高工作能力（或求职等）的作用、初级会计职称考试的难度、中级会计职称考试的难度3个项目上，男士和女士的看法没有表现出显著性差异。但是，在年龄、工作职务、取得的会计资格证书（初级、中级、高级）、个人的月收入、高级会计职称考试的难度、对无纸化考试方式的态度、对会计资格考试的满意度呈现出显著性差异，其中：受访人员中男性年龄比女性大，男性比女性职务高，男性通过中级和高级会计资格考试的比例比

女性高，女性通过初级会计资格考试的比例比男性高，男性比女性收入高，对于高级会计资格考试的难度女性比男性觉得难，男性比女性更接受无纸化考试方式，对于会计资格考试男性比女性满意度高（见表4-10）。

表4-10 T检验分析结果

选项	T 检验分析结果			
	性别（平均值±标准差）		t	p
	男性（N=533）	女性（N=1027）		
您的年龄	2.66±0.82	2.39±0.79	6.398	0.000 **
您的职务	2.48±0.95	1.89±0.93	11.793	0.000 **
初级会计师	0.21±0.41	0.31±0.46	-4.28	0.000 **
中级会计师	0.40±0.49	0.32±0.47	3.117	0.002 **
高级会计师	0.34±0.48	0.20±0.40	6.057	0.000 **
您个人的月收入	3.03±1.51	2.33±1.34	8.966	0.000 **
会计职称对于提高工作能力（或求职等）的作用	2.07±0.90	2.10±0.87	-0.718	0.473
您认为初级会计职称考试的难度	3.47±0.98	3.44±0.91	0.7	0.484
您认为中级会计职称考试的难度	2.45±0.80	2.38±0.79	1.797	0.072
您认为高级会计职称考试的难度	2.14±0.93	1.84±0.87	6.283	0.000 **
您对无纸化考试方式的态度	1.57±0.65	1.66±0.64	-2.603	0.009 **
您对会计资格考试的满意度	2.16±0.77	2.27±0.73	-2.636	0.008 **

* $p<0.05$ ** $p<0.01$

（1）性别对于年龄呈现出 0.01 水平显著性（$t=6.40$，$p=0.000$），以及具体对比差异可知，男性的平均值（2.66）会明显高于女性的平均值（2.39）。

（2）性别对于工作职务呈现出 0.01 水平显著性（$t=11.793$，$p=0.000$），以及具体对比差异可知，男性的平均值（2.48）会明显高于女性的平均值（1.89）。

（3）性别对于已取得初级会计师呈现出 0.01 水平显著性（$t=-4.28$，$p=0.000$），以及具体对比差异可知，男性的平均值（0.21）会明显低于女性的平均值（0.31）。

（4）性别对于已取得中级会计师呈现出 0.01 水平显著性（$t=3.12$，$p=$

0.002），以及具体对比差异可知，男性的平均值（0.40）会明显高于女性的平均值（0.32）。

（5）性别对于已取得高级会计师呈现出 0.01 水平显著性（t = 6.06，p = 0.000），以及具体对比差异可知，男性的平均值（0.34）会明显高于女性的平均值（0.20）。

（6）性别对于个人的月收入呈现出 0.01 水平显著性（t = 8.97，p = 0.000），以及具体对比差异可知，男性的平均值（3.03）会明显高于女性的平均值（2.33）。

（7）性别对于高级会计职称考试的难度呈现出 0.01 水平显著性（t = 6.283，p = 0.000），以及具体对比差异可知，男性的平均值（2.14）会明显高于女性的平均值（1.84），女性认为高级会计职称考试更难。

（8）性别对无纸化考试方式的态度呈现出 0.01 水平显著性（t = -2.603，p = 0.01），以及具体对比差异可知，男性的平均值（1.57）会明显低于女性的平均值（1.66），男性认为无纸化考试更适合。

（9）性别对于会计资格考试的满意度呈现出 0.01 水平显著性（t = -2.64，p = 0.01），以及具体对比差异可知，男性的平均值（2.16）会明显低于女性的平均值（2.27），男性更满意。

第三节　会计资格考试的分类统计

一、初级会计资格考试

本次受访人员中已取得初级会计资格证书的总人数为 428 人，60.98% 的受访人员是普通员工，90.88% 的受访人员认为初级会计资格的考试难度为"一般"或以下，67.29% 的受访人员认为参加职称考试"较大"和"很大"程度上提高了工作能力（或求职等），60.05% 的受访人员对会计资格考试的满意度为"较好"和"很好"，但也有 38.08% 的人认为会计资格考试"一般"。由此可见，初级会计资格考试作为"入门考",参加的群体多为基础会计人员,受访人员对初级会计资格证书的评价中等。

(一)工作职务

受访人员中,一半以上(60.98%)为普通员工,其余主要集中在基础管理人员(20.09%)和中层管理人员(17.29%),高级管理人员仅占1.64%(见表4-11)。

表4-11 通过初级会计资格考试样本工作职务描述性统计

选项	小计	占比(%)
普通员工	261	60.98
基础管理人员	86	20.09
中层管理人员	74	17.29
高级管理人员	7	1.64
本题有效填写人次	428	

(二)个人月收入

受访人员中,个人月收入在5000元及以下(占比41.82%)和5001~10000元(占比38.32%)为被调查群体的主要月收入分布,另外月收入10001~15000元的群体占比10.75%(见表4-12)。

表4-12 通过初级会计资格考试样本个人月收入描述性统计

选项	小计	占比(%)
5000元及以下	179	41.82
5001~10000元	164	38.32
10001~15000元	46	10.75
15001~20000元	10	2.34
20000元及以上	20	4.67
保密	9	2.1
本题有效填写人次	428	

(三)会计资格考试对于提高工作能力(或求职等)的作用

受访人员认为会计资格考试对于提高工作能力(或求职等)的作用,在

"很大"（29.91%）、"较大"（37.38%）和"一般"（28.27%）上平分秋色，大部分受访人员承认会计资格考试对个人工作能力的提高或者求职有一定的帮助作用（见表4-13）。

表4-13 通过初级会计资格考试样本认定其对于求职作用描述性统计

选项	小计	占比（%）
很大	128	29.91
较大	160	37.38
一般	121	28.27
较小	11	2.57
很小	8	1.87
本题有效填写人次	428	

（四）现有会计资格考试内容的主要特点

受访人员中，大部分人（69.86%）认为考试内容偏理论，与实际问题间有差距，但承认其有一定帮助；21.73%的人认为考试内容贴近实际工作，可以解决实际工作中的问题；仅有8.41%的人认为考试内容与现实工作问题关联性不大（见表4-14）。

表4-14 通过初级会计资格考试样本认定其主要特点描述性统计

选项	小计	占比（%）
考试题目很贴近实际工作，基本可以解决实际工作中的问题	93	21.73
考试内容偏理论，跟实际工作中的问题相差较大，但还是有所帮助	299	69.86
考试内容在实际工作中基本用不上	36	8.41
本题有效填写人次	428	

（五）对现有会计专业技术资格无纸化考试方式的态度

受访人员中，认为无纸化考试非常好或者可以接受的人数分别占到45.79%和43.22%，对无纸化考试持否定态度的仅占10.98%（见表4-15）。

表4-15 对现有会计专业技术资格无纸化考试方式的态度描述性统计

选项	小计	占比（%）
无纸化考试非常好，没有问题	196	45.79
无纸化考试可以接受，但仍存在一些问题	185	43.22
无纸化考试不符合传统的阅读书写习惯，限制了答题速度，有很大问题	47	10.98
本题有效填写人次	428	

（六）对会计资格考试的内容、方式等的满意度

受访人员中，对会计资格考试的内容和方式满意度为"很好"和"较好"的分别占15.42%和44.63%，认为"一般"的占38.08%（见表4-16）。

表4-16 对会计资格考试的内容、方式等的满意度描述性统计

选项	小计	占比（%）
很好	66	15.42
较好	191	44.63
一般	163	38.08
较差	6	1.4
很差	2	0.47
本题有效填写人次	428	

（七）会计资格考试在未来需要改进的方面

受访人员中，有26.4%的人认为初级考试相对简单，可适当增加考试难度；55.37%的人认为中高级难度较大，可以适当降低考试难度；有31.07%的人认为应当适度提高现有的较低的报名门槛；有67.99%的人认为可以适当增加每年考试次数，现有的一次无法满足需求；此外，有31.78%的人认为应当允许考生自主选择纸质化或无纸化考试方式（见表4-17）。

表4-17 会计资格考试在未来需要改进的方面描述性统计

选项	小计	占比（%）
初级考试难度较低，可以适当增加考试难度	113	26.4

续表

选项	小计	占比（%）
中高级难度较大，可以适当降低考试难度	237	55.37
现有报考条件低，可适当提高报名条件	133	31.07
每年仅组织一次考试，难以满足实际工作需要，可适当增加考试次数	291	67.99
丰富考试方式，自主选择纸质考试或无纸化考试方式	136	31.78
其他，您认为还需改进的地方	29	6.78
本题有效填写人次	428	

二、中级会计资格考试

本次受访人员中已取得中级会计资格证书的总人数为 541 人，其中有 34.01% 的受访人员是基础管理人员，35.12% 的受访人员是中层管理人员，反映出随着资历和能力的提升，通过中级会计资格的人员有更高的比例升职为管理层次，会计证书的"上升通道"功能非常明显。

51.2% 的受访人员认为中级会计资格的考试难度为"一般"，但也有 35.86% 的受访人员认为其难度"较大"，反映出中级考试相比初级考试在难度上具有明显的提升；65.62% 的受访人员认为参加职称考试"较大"和"很大"程度上提高了工作能力（或求职等），68.76% 的受访人员对会计资格考试的满意度为"较好"和"很好"，这反映出大部分人对中级考试的"性价比"评价较高，中级资格考试的含金量明显上升。

但也有 29.76%（共 161 人）的比例认为会计资格考试"一般"，这让我们觉得疑惑。难道千辛万苦地考取了中级职称，并没有实现自己预期的目标吗？带着这个疑问，我们又对这 29.76% 的受访人员进行了分析，发现在年龄、性别、收入、职务等各方面均未明显不同于其他群体的特征，我们认为或许这 161 人对各方面的要求都比较严格，对他们来说"一般"的评价标准属于经常性的看法，不具有特别的识别属性。

（一）年龄

受访人员中，年龄分布较为集中，26~35 岁占据了最大比例，为 50.28%；

36~45 岁人数次之，为 37.52%；46~55 岁人数占到 11.83%（见表 4-18）。

表 4-18 通过中级资格考试样本年龄描述性统计

选项	小计	占比（%）
18~25 岁	1	0.18
26~35 岁	272	50.28
36~45 岁	203	37.52
46~55 岁	64	11.83
56 岁及以上	1	0.18
本题有效填写人次	541	

（二）工作职务

受访人员中，基础和中层管理人员最多且两者人数大体相当，分别占到 34.01% 和 35.12%，普通员工占到 23.66%，高级管理人员仅为 7.21%（见表 4-19）。

表 4-19 通过中级资格考试样本工作职务描述性统计

选项	小计	占比（%）
普通员工	128	23.66
基础管理人员	184	34.01
中层管理人员	190	35.12
高级管理人员	39	7.21
本题有效填写人次	541	

（三）个人月收入

受访人员中的个人月收入，5001 ~ 10000 元的人数最多，占到 35.49%；10001 ~ 15000 元的人数次之，占 24.95%；月收入 5000 元以下和 20000 元以上人数大体相当，分别占 13.86% 和 14.23%（见表 4-20）。

表 4-20 通过中级资格考试样本个人月收入描述性统计

选项	小计	占比（%）
5000 元及以下	75	13.86

选项	小计	占比（%）
5001~10000 元	192	35.49
10001~15000 元	135	24.95
15001~20000 元	40	7.39
20000 元以上	77	14.23
保密	22	4.07
本题有效填写人次	541	

（四）报考会计资格考试的动机

关于报考会计资格考试的动机，占比最大（40.3%）的是出于提高自身竞争力的目的；升职加薪的动机次之，占到30.13%；也有23.84%的人因自身学习意愿强烈而参加考试（见表4-21）。

表4-21　通过中级资格考试样本报考动机描述性统计

选项	小计	占比（%）
行业压力大，提高竞争力	218	40.3
升职加薪	163	30.13
求职或转行	26	4.81
自身学习意愿强	129	23.84
会计从业资格证书取消	5	0.92
本题有效填写人次	541	

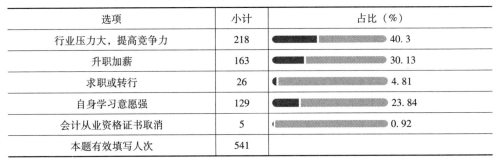

（五）会计资格考试对于提高工作能力（或求职等）的作用

大部分受访人员肯定了会计资格考试对于提高工作能力（或求职等）的作用，认为其作用"很大"和"较大"的分别占比23.66%和41.96%；也有31.61%的人认为其作用"一般"（见表4-22）。

表4-22　通过中级资格考试样本认定对求职重要性描述性统计

选项	小计	占比（%）
很大	128	23.66

续表

选项	小计	占比（%）	
较大	227		41.96
一般	171		31.61
较小	11		2.03
很小	4		0.74
本题有效填写人次	541		

（六）现有会计资格考试内容的主要特点

受访人员中，大部分（68.95%）认为会计资格考试内容偏理论，虽与实际问题有一定差距，但有其指导意义；认为考试贴近实际，可解决实际问题的占24.21%；仅有6.84%的人认为考试内容与实际工作脱节（见表4-23）。

表4-23　中级资格考试特点描述性统计分析

选项	小计	占比（%）	
考试题目很贴近实际工作，基本可以解决实际工作中的问题	131		24.21
考试内容偏理论，跟实际工作中的问题相差较大，但还是有所帮助	373		68.95
考试内容在实际工作中基本用不上	37		6.84
本题有效填写人次	541		

（七）对现有会计专业技术资格无纸化考试方式的态度

受访人员中，认为无纸化考试非常好和基本可以接受的分别占比47.13%和43.07%，仅有9.8%的人否认其存在意义（见表4-24）。

表4-24　中级资格考试无纸化考试方式态度描述性统计分析

选项	小计	占比（%）	
无纸化考试非常好，没有问题	255		47.13
无纸化考试可以接受，但仍存在一些问题	233		43.07
无纸化考试不符合传统的阅读书写习惯，限制了答题速度，有很大问题	53		9.8
本题有效填写人次	541		

（八）对会计资格考试的内容、方式等的满意度

受访人员中，对会计资格考试的内容及方式表示很满意和较满意的分别占比 12.94% 和 55.82%，认为其一般的占 29.76%（见表 4-25）。

表 4-25　中级资格考试满意度描述性统计

选项	小计	占比（%）	
很好	70		12.94
较好	302		55.82
一般	161		29.76
较差	6		1.11
很差	2		0.37
本题有效填写人次	541		

（九）会计资格考试在未来需要改进的方面

受访人员中，33.83% 的人认为应适当增加初级考试难度；26.25% 的人认为应适当降低中高级考试难度；34.75% 的人认为可适当提高现有的较低报考门槛；有 58.41% 的人建议适当增加每年的考试次数；34.75% 的人认为应允许考生自主选择纸质化或无纸化考试方式（见表 4-26）。

表 4-26　中级资格考试未来改进方案描述性统计

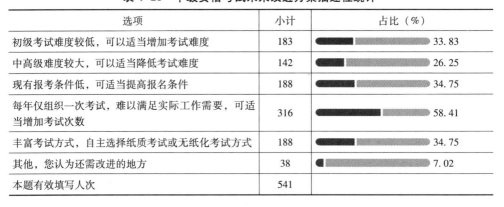

选项	小计	占比（%）	
初级考试难度较低，可以适当增加考试难度	183		33.83
中高级难度较大，可以适当降低考试难度	142		26.25
现有报考条件低，可适当提高报名条件	188		34.75
每年仅组织一次考试，难以满足实际工作需要，可适当增加考试次数	316		58.41
丰富考试方式，自主选择纸质考试或无纸化考试方式	188		34.75
其他，您认为还需改进的地方	38		7.02
本题有效填写人次	541		

三、高级会计资格考试

本次受访人员中已取得高级会计资格证书的总人数为 386 人，其中有

63.99%是中层管理人员，17.88%是高级管理人员，反映出持有高级会计资格的人员有更高的比例升职为高级管理人员。此外，26.68%的高级会计资格群体的月薪达到20000元以上，高级证书的"含金量"明显。

49.74%的受访人员认为高级会计资格的考试难度为"一般"，34.46%认为其难度"较大"；有意思的是，高级会计资格群体对中级考试的难度感觉甚至比高级考试还大，38.08%的人认为中级会计考试的难度为"较大"，48.19%的人认为中级会计考试的难度为"一般"。由此看来，中级会计师考试难度的确很大，即使已经通过了中级考试，并取得了高级资格的财务人员，回忆起中级考试来仍然觉得很难。

76.69%的受访人员认为参加职称考试"较大"和"很大"程度上提高了工作能力（或求职等），69.95%的受访人员对会计资格考试的满意度为"较好"和"很好"，在初、中、高三个级次的资格考试中，高级会计资格群体的幸福度最高。

（一）年龄

受访人员中，66.84%的人在36~45岁，也有19.43%和12.69%的人年龄分别分布在46~55岁和26~35岁（见表4-27）。

表4-27　已取得高级资格考试样本年龄统计

选项	小计	占比（%）	
18~25岁	0		0
26~35岁	49		12.69
36~45岁	258		66.84
46~55岁	75		19.43
56岁及以上	4		1.04
本题有效填写人次	386		

（二）工作职务

受访人员中，中层管理人员占比最高，为63.99%；其次是高级管理人员，占到17.88%；基础管理人员占15.8%；普通员工仅占2.33%（见表4-28）。

表 4-28   已取得高级资格考试工作职务统计

选项	小计	占比（%）	
普通员工	9		2.33
基础管理人员	61		15.8
中层管理人员	247		63.99
高级管理人员	69		17.88
本题有效填写人次	386		

（三）个人月收入

被调查对象个人月收入在 5001~10000 元和 20000 元以上的分别占比 27.72%
和 26.68%；月收入 10001~15000 元的占比 24.87%；15001~20000 元的占比
12.18%（见表 4-29）。

表 4-29   已取得高级资格考试个人月收入统计

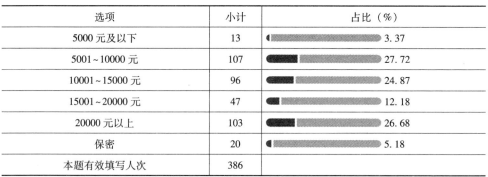

选项	小计	占比（%）	
5000 元及以下	13		3.37
5001~10000 元	107		27.72
10001~15000 元	96		24.87
15001~20000 元	47		12.18
20000 元以上	103		26.68
保密	20		5.18
本题有效填写人次	386		

（四）报考会计资格考试的动机

受访人员中，出于提高自身竞争力的目的报考会计资格考试的占比最大，为
37.31%；自身学习意愿强而参加考试的人占 32.38%；意图依靠资格证升职加薪
的占 25.91%；想要通过此证求职或转行的占 3.89%（见表 4-30）。

表 4-30   已取得高级资格考试样本报考动机统计

选项	小计	占比（%）	
行业压力大，提高竞争力	144		37.31

续表

选项	小计	占比（%）
升职加薪	100	25.91
求职或转行	15	3.89
自身学习意愿强	125	32.38
会计从业资格证书取消	2	0.52
本题有效填写人次	386	

（五）会计资格考试对于提高工作能力（或求职等）的作用

关于会计资格考试对提高工作能力（或求职等）的作用，受访人员中，有45.6%的人认为有"较大"作用，31.09%的人认为作用"很大"，22.54%的人认为作用"一般"（见表4-31）。

表4-31　已取得高级资格考试样本认定其对求职的作用统计

选项	小计	占比（%）
很大	120	31.09
较大	176	45.6
一般	87	22.54
较小	3	0.78
很小	0	0
本题有效填写人次	386	

（六）现有会计资格考试内容的主要特点

受访人员中，有67.1%的人认为现有会计资格考试内容偏理论，但对实际问题的解决有一定帮助；27.2%的人认为考试内容基本可以解决工作问题；仅有5.7%的人认为考试内容与现实工作问题关联性不大（见表4-32）。

表4-32　已取得高级资格考试样本认定考试特点统计

选项	小计	占比（%）
考试题目很贴近实际工作，基本可以解决实际工作中的问题	105	27.2

续表

选项	小计	占比（%）
考试内容偏理论，跟实际工作中的问题相差较大，但还是有所帮助	259	 67.1
考试内容在实际工作中基本用不上	22	5.7
本题有效填写人次	386	

（七）对现有会计专业技术资格无纸化考试方式的态度

受访人员中，认为无纸化考试非常好和基本可以接受的分别占比 39.38% 和 51.3%，仅有 9.33% 的人否认其存在的意义（见表 4-33）。

表4-33　已取得高级资格考试样本对于无纸化考试态度统计

选项	小计	占比（%）
无纸化考试非常好，没有问题	152	39.38
无纸化考试可以接受，但仍存在一些问题	198	51.3
无纸化考试不符合传统的阅读书写习惯，限制了答题速度，有很大问题	36	9.33
本题有效填写人次	386	

（八）会计资格考试在未来需要改进的方面

受访人员中，有 29.79% 的人认为可适当增加初级考试难度；26.68% 的人认为应适当降低中高级考试难度；35.23% 的人认为可适当提高现有的较低报考门槛；有 55.7% 的人建议适当增加每年的考试次数；41.71% 的人认为应允许考生自主选择纸质化或无纸化考试方式（见表 4-34）。

表4-34　已取得高级资格考试样本认为未来改进方面统计

选项	小计	占比（%）
初级考试难度较低，可以适当增加考试难度	115	29.79
中高级难度较大，可以适当降低考试难度	103	26.68
现有报考条件低，可适当提高报名条件	136	35.23
每年仅组织一次考试，难以满足实际工作需要，可适当增加考试次数	215	55.7

选项	小计	占比（%）
丰富考试方式，自主选择纸质考试或无纸化考试方式	161	41.71
其他，您认为还需改进的地方	23	5.96
本题有效填写人次	386	

第四节　会计资格考试的内容调查

本节分别研究了考试内容与实践工作、职务高低和单位性质之间的相关性，研究表明：

（1）通过不同层次资格考试的受访人员对于不同考试内容在实践工作中的应用程度不相同；

（2）职务层级越高，越觉得财务会计等知识和工作的关系越大；

（3）对于会计资格考试的内容，企业财务人员比行政事业单位财务人员更觉得考试内容与自身的工作显著相关。

一、实践工作与考试内容的相关性

我们采用统计方法，对"会计考试内容在工作中的应用频率"（见表4-35）进行了分析，发现已经取得初级会计师资格证书的受访人员认为"财务会计"等所有知识在工作中都具有显著的相关性，这个发现与已经取得中级会计师资格群体的结论并不一致。我们猜想，或许是因为"距离产生美"，因为不是很了解具体内容，初级会计师反而会对所有的会计相关内容都充满期待，更加渴望学习相关知识。

表4-35　会计职称考查的内容在工作中的应用频率统计（1560人）　单位：%

类别	很常用	常用	一般	较少	很少
财务会计	48.53	23.08	15.19	6.54	6.67

续表

类别	很常用	常用	一般	较少	很少
管理会计	23.85	25.19	25.51	12.95	12.50
财务管理	26.79	24.49	22.95	14.55	11.22
战略管理	9.87	14.23	28.08	20.64	27.18
法律	17.56	24.68	25.38	17.12	15.26
税收	32.50	26.47	17.88	12.18	10.96
风险管理	18.33	27.69	26.60	14.87	12.50
财务分析	18.85	22.31	24.68	16.15	18.01
商业环境	9.17	15.83	28.72	20.71	25.58
绩效管理	18.46	22.56	27.69	17.82	13.46
企业管理	13.33	18.14	28.85	19.87	19.81

　　已经取得初级会计师资格证书的受访人员认为，财务会计、管理会计、财务管理、战略管理、税收、风险管理、财务分析、商业环境的内容与工作显著相关，而法律、绩效管理、企业管理的相关性则不明显（见表4-36）。显然，已取得中级会计资格的群体接触的工作内容更全面，他们对于会计知识的评价明显比取得初级会计资格证书的群体更加"苛刻"，"不喜欢就是不喜欢"（见表4-37）。一些热门话题，诸如业绩评价等，反而在他们的工作中应用得并不广泛。也或许，这些范畴属于更高层次的管理问题，中级会计师在实际工作中还没有涉及。

表4-36　初级会计资格考试应用频率的统计表（428人）　　单位：%

类别	很常用	常用	一般	较少	很少
财务会计	42.52	21.96	17.99	9.58	7.94
管理会计	17.29	20.79	27.57	16.12	18.22
财务管理	19.63	20.09	24.07	19.63	16.59
战略管理	6.54	8.41	23.83	23.60	37.62
法律	15.19	16.12	24.77	21.26	22.66
税收	29.21	21.73	18.69	16.36	14.02
风险管理	14.49	22.20	23.60	20.56	19.16

续表

类别	很常用	常用	一般	较少	很少
财务分析	14.02	16.12	23.60	19.39	26.87
商业环境	6.78	12.85	24.53	21.96	33.88
绩效管理	16.59	18.93	25.93	20.56	17.99
企业管理	13.08	14.72	26.40	21.73	24.07

表4-37　中级会计资格考试应用频率的统计表（541人）　　单位：%

类别	很常用	常用	一般	较少	很少
财务会计	53.79	23.66	13.68	4.81	4.07
管理会计	26.06	29.39	24.77	11.65	8.13
财务管理	27.73	27.36	22.92	14.79	7.21
战略管理	10.54	14.23	31.61	20.15	23.48
法律	17.38	26.25	25.32	18.11	12.94
税收	34.01	29.57	17.38	10.91	8.13
风险管理	18.67	30.87	27.17	13.86	9.43
财务分析	20.70	24.03	26.80	14.23	14.23
商业环境	11.09	14.79	31.42	20.52	22.18
绩效管理	18.30	22.92	29.02	19.04	10.72
企业管理	11.65	18.11	30.50	19.41	20.33

已经取得高级会计师资格证书的受访人员认为"财务会计"等所有知识在工作中都具有显著的相关性，这个发现和取得初级会计资格证书群体的认识相同（见表4-38）。

表4-38　高级会计资格考试应用频率的统计表（386人）　　单位：%

类别	很常用	常用	一般	较少	很少
财务会计	58.29	21.76	12.95	3.37	3.63
管理会计	31.61	29.79	23.32	9.59	5.70
财务管理	36.27	29.27	22.28	6.99	5.18
战略管理	13.73	20.73	33.68	18.13	13.73
法律	20.98	34.20	23.83	12.18	8.81

续表

类别	很常用	常用	一般	较少	很少
税收	38.60	29.79	17.62	8.81	5.18
风险管理	22.80	33.94	27.72	9.33	6.22
财务分析	24.09	31.87	25.39	11.66	6.99
商业环境	10.62	19.43	35.49	18.65	15.80
绩效管理	21.24	27.20	30.05	12.95	8.55
企业管理	12.44	19.95	36.53	18.65	12.44

（一）财务会计（核算、报表与信息披露等）

大部分人认为财务会计考试的内容"常用"或"很常用"，两项合计占比71.61%；有15.19%的人认为考试内容常用程度"一般"；有13.21%的人认为考试内容在实际中运用"较少"或"很少"。

（二）管理会计（预算管理、成本控制等）

对管理会计考试内容评价较分散。分别有23.85%、25.19%的人认为管理会计考试内容"很常用"及"常用"；认为"一般"的有25.51%；认为考试内容实际中运用"较少"或"很少"的人合计占比25.45%。

（三）财务管理（资金管理调拨、现金预算等）

半数以上的人认为财务管理考试内容"很常用"或"常用"，分别占比26.79%、24.49%；有22.95%的人认为考试内容常用程度"一般"；有25.77%的人认为考试内容实际中运用"较少"或"很少"。

（四）战略管理（参与公司战略决策等）

认为战略管理考试内容实际中运用"很少"或"较少"的人比例接近一半，分别占比27.18%和20.64%；其中有28.08%的人认为其常用程度"一般"；认为考试内容"很常用"或"常用"的人数比例约25%。

（五）法律（合同法）

认为法律考试"很常用"或"常用"的人占比42.24%；认为"一般"的占比25.38%；认为"较少"或"很少"的占比32.38%。

（六）税收（如申报、政策研究与筹划）

认为税收考试内容"很常用"或"常用"的人数量过半，占比58.97%；认为考试内容运用"较少"或"很少"的人数占比为23.14%。

（七）风险管理（如内控制度和审计）

认为风险管理考试内容"很常用"或"常用"的人数占比为46.02%；认为"一般"的占比为26.60%；认为"较少"或"很少"的人数占比为27.37%。

（八）财务分析（如利用资本运作筹资、重大投融资策略分析等）

认为风险管理考试内容"很常用"或"常用"的人数占比为41.16%；认为"一般"的占比为24.68%；认为"较少"或"很少"的人数占比为34.16%。

（九）商业环境（各类宏观政策和监督政策分析）

认为商业环境考试内容"很常用"或"常用"的人数占比最低，仅为25%；认为"一般"的占比为28.72%；认为"较少"或"很少"的人数占比为46.29%。

（十）绩效管理（业绩考核评价等）

认为绩效管理考试内容"很常用"或"常用"的人数占比为41.02%；认为"一般"的占比为27.69%；认为"较少"或"很少"的人数占比为31.28%。

（十一）企业管理（供应链管理、生产管理、项目管理、企业文化等）

认为企业管理考试内容"很常用"或"常用"的人数占比为31.47%；认为"一般"的占比为28.85%；认为"较少"或"很少"的人数占比为39.68%。

从表4-39可知：

（1）初级会计师与财务会计、管理会计、财务管理、战略管理、法律、税收、风险管理、财务分析、商业环境、绩效管理、企业管理之间均呈现出显著性。

（2）中级会计师与财务会计、管理会计、财务管理、战略管理、税收、风险管理、财务分析、商业环境之间均呈现出显著性；与法律、绩效管理、企业管理并不显著。

（3）高级会计师与财务会计、管理会计、财务管理、战略管理、法律、税收、风险管理、财务分析、商业环境、绩效管理、企业管理之间均呈现出显著性。

表4-39 相关性系数

类别	Pearson 相关		
	初级会计师	中级会计师	高级会计师
财务会计	0.094**	-0.107**	-0.129**
管理会计	0.151**	-0.104**	-0.162**
财务管理	0.161**	-0.069**	-0.188**
战略管理	0.173**	-0.052**	-0.194**
法律	0.151**	-0.027	-0.150**
税收	0.099**	-0.071**	-0.130**
风险管理	0.157**	-0.063**	-0.151**
财务分析	0.166**	-0.080**	-0.196**
商业环境	0.124**	-0.056**	-0.127**
绩效管理	0.092**	-0.024	-0.111**
企业管理	0.068**	0.022	-0.071**

* p<0.05 ** p<0.01

二、职务与考试内容的相关性

职务与考试内容的交互系数和回归相关系数分别如表4-40和表4-41所示。

表4-40 职务与考试内容交互系数　　　　单位：%

类别	工作职务				汇总 （N=1560）
	普通员工 （N=576）	基础管理人员 （N=374）	中层管理人员 （N=502）	高级管理人员 （N=108）	
财务会计	222（38.5）	196（52.4）	278（55.4）	61（56.5）	757（48.5）
管理会计	99（17.2）	90（24.1）	145（28.9）	38（35.2）	372（23.8）
财务管理	117（20.3）	92（24.6）	166（33.1）	43（39.8）	418（26.8）
战略管理	44（7.6）	37（9.9）	49（9.8）	24（22.2）	154（9.9）
法律	90（15.6）	58（15.5）	96（19.1）	30（27.8）	274（17.6）
税收	149（25.9）	127（34.0）	182（36.3）	49（45.4）	507（32.5）
风险管理	89（15.5）	64（17.1）	104（20.7）	29（26.9）	286（18.3）
财务分析	79（13.7）	83（22.2）	106（21.1）	26（24.1）	294（18.8）
商业环境	49（8.5）	32（8.6）	48（9.6）	14（13.0）	143（9.2）
绩效管理	104（18.1）	59（15.8）	101（20.1）	24（22.2）	288（18.5）
企业管理	87（15.1）	40（10.7）	64（12.7）	17（15.7）	208（13.3）

表4-41　职务与考试内容回归相关系数

类别	系数（工作职务）
Pearson 相关	
财务会计（核算、报表与信息披露等）	-0.205**
管理会计（预算管理、成本控制等）	-0.228**
财务管理（资金管理调拨、现金预算等）	-0.233**
战略管理（参与公司战略决策等）	-0.247**
法律（合同法）	-0.222**
税收（如申报、政策研究与筹划）	-0.225**
风险管理（如内控制度和审计）	-0.226**
财务分析（如利用资本运作筹资、重大投融资策略分析等）	-0.245**
商业环境（各类宏观政策和监督政策分析）	-0.173**
绩效管理（业绩考核评价等）	-0.154**
企业管理（供应链管理、生产管理、项目管理、企业文化等）	-0.101**

* p<0.05　** p<0.01

显著性检验表明，所有项目都呈现出与职务之间的显著相关性。这就意味着，职务层级越高，越认为财务会计等知识与工作的关系越大。

三、单位性质与考试内容的相关性

对受访人员的工作单位性质与考试内容之间的相关性检验表明，对于会计资格考试的内容，企业财务人员比行政事业单位财务人员更加认为其与自身的工作显著相关（见表4-42）。

表4-42　单位与考试内容回归相关系数

类别	系数（所在单位的性质）
Pearson 相关	
财务会计（核算、报表与信息披露等）	0.134**
管理会计（预算管理、成本控制等）	0.166**
财务管理（资金管理调拨、现金预算等）	0.159**

Pearson 相关	
类别	系数（所在单位的性质）
战略管理（参与公司战略决策等）	0.176**
法律（合同法）	0.113**
税收（如申报、政策研究与筹划）	0.261**
风险管理（如内控制度和审计）	0.178**
财务分析（如利用资本运作筹资、重大投融资策略分析等）	0.217**
商业环境（各类宏观政策和监督政策分析）	0.173**
绩效管理（业绩考核评价等）	0.113**
企业管理（供应链管理、生产管理、项目管理、企业文化等）	0.203**

$^* p<0.05$ $^{**} p<0.01$

第五节 会计资格考试的难度与方式调查

首先，本节探求了受访人员对不同资格考试难度的看法。

其次，将受访人员按照通过不同资格考试、工作单位性质、年龄进行细分，探究不同样本的受访人员对资格考试难度的看法。研究结果表示，初级会计资格考试难度"一般"偏向"较小"，中级会计资格考试难度"一般"偏向"较大"，高级会计资格考试难度与中级难度大体相仿。在政府机关、事业单位工作的财务人员，在各层级会计资格考试中都觉得更难。

再次，探究了受访人员对于无纸化考试的看法，大部分受访人员认为无纸化考试非常好或者可以接受，而且无纸化考试方式与年龄、性别之间有着显著的正相关关系。

最后，探究了受访人员对考试方式的改进。

一、考试难度的分析

（一）总体情况

总体来看，受访人员普遍认为初级会计资格考试难度"一般"或"较小"，中级会计资格考试难度"一般"或"较大"，高级会计资格考试难度"较大"或"很大"（见表4-43）。

表4-43　考试难度统计分析

频数分析结果			
题目	选项	频数	占比（%）
您认为初级会计职称考试的难度是	很大	31	1.99
	较大	133	8.53
	一般	756	48.46
	较小	384	24.62
	很小	256	16.41
您认为中级会计职称考试的难度是	很大	178	11.41
	较大	682	43.72
	一般	611	39.17
	较小	70	4.49
	很小	19	1.22
您认为高级会计职称考试的难度是	很大	585	37.5
	较大	560	35.9
	一般	357	22.88
	较小	37	2.37
	很小	21	1.35
合计		1560	100

（二）按照资格考试类型的分类

无论是初级会计师、中级会计师还是高级会计师，大家一致认为初级会计考试难度"一般"；对于中级会计资格考试，初级会计师认为难度"较大"，但中级会计师和高级会计师认为其难度"一般"或"较大"；对于高级会计师考试，初级会计师认为其难度"很大"，中级会计师认为其难度"较大"，而高级会计师则认为其难度"一般"。

这充分反映出大家对未知事物的"本能恐惧",越是不了解的就越害怕,经历过后则发现其实并没有那么困难。当然,我们问卷的对象都是通过了各级资格考试的人群,或许存在胜利者藐视一切的感性想法,比如说,通过高级会计资格考试的人更倾向于说考试很容易,以体现自身的超凡能力。然而,我们旋即否定了这种猜测,因为从中级考试难度的看法中,中级会计师和高级会计师的感觉几乎一致,这就体现了即便通过了高级会计师资格考试,这部分人群依然对中级考试的难度耿耿于怀,说明他们的判断是清醒而客观的,他们所说的话值得信赖。

因此,对于会计资格考试的难度,客观地描述可以是:初级会计资格考试难度"一般"偏向"较小",中级会计资格考试难度"一般"偏向"较大",高级会计资格考试难度与中级会计资格考试难度大体相仿(见表4-44~表4-46)。

表4-44　通过不同资格考试样本认定初级资格考试难度统计

类别	很大	较大	一般	较小	很小	小计
初级会计师	7 (1.64%)	32 (7.48%)	244 (57.01%)	111 (25.93%)	34 (7.94%)	428
中级会计师	5 (0.92%)	23 (4.25%)	225 (41.59%)	160 (29.57%)	128 (23.66%)	541
高级会计师	2 (0.52%)	17 (4.40%)	163 (42.23%)	100 (25.91%)	104 (26.94%)	386

表4-45　通过不同资格考试样本认定中级资格考试难度统计

类别	很大	较大	一般	较小	很小	小计
初级会计师	60 (14.02%)	229 (53.50%)	130 (30.37%)	9 (2.10%)	0 (0.00%)	428
中级会计师	23 (4.25%)	194 (35.86%)	277 (51.20%)	39 (7.21%)	8 (1.48%)	541
高级会计师	20 (5.18%)	147 (38.08%)	186 (48.19%)	25 (6.48%)	8 (2.07%)	386

表4-46　通过不同资格考试样本认定高级资格考试难度统计

类别	很大	较大	一般	较小	很小	小计
初级会计师	230 (53.74%)	145 (33.88%)	48 (11.21%)	4 (0.93%)	1 (0.23%)	428
中级会计师	138 (25.51%)	225 (41.59%)	150 (27.73%)	20 (3.70%)	8 (1.48%)	541
高级会计师	30 (7.77%)	133 (34.46%)	192 (49.74%)	19 (4.92%)	12 (3.11%)	386

（三）按照工作单位性质的分类

我们按照受访人员的工作单位属性分类，统计了不同工作单位财务人员对会计资格考试难度的看法（见表4-47～表4-49）。结果发现，在政府机关、事业单位工作的财务人员，在各层级会计资格考试中都觉得更难。产生这一现象的主要原因是会计职称考试内容主要以企业知识为主，行政和事业单位的知识相对较少。

1. 初级会计师考试

表4-47 初级会计师考试在不同性质单位情况统计

类别	很大	较大	一般	较小	很小	小计
国有企业	14（1.72%）	56（6.87%）	395（48.47%）	203（24.91%）	147（18.04%）	815
民营企业	5（2.69%）	11（5.91%）	88（47.31%）	47（25.27%）	35（18.82%）	186
集体企业	0（0.00%）	1（9.09%）	8（72.73%）	2（18.18%）	0（0.00%）	11
外资企业	1（4.55%）	1（4.55%）	6（27.27%）	8（36.36%）	6（27.27%）	22
政府机关、事业单位	10（2.40%）	49（11.75%）	204（48.92%）	98（23.50%）	56（13.43%）	417
其他	1（0.92%）	15（13.76%）	55（50.46%）	26（23.85%）	12（11.01%）	109

2. 中级会计师考试

表4-48 中级会计师考试在不同性质单位情况统计

类别	很大	较大	一般	较小	很小	小计
国有企业	88（10.80%）	345（42.33%）	336（41.23%）	36（4.42%）	10（1.23%）	815
民营企业	19（10.22%）	77（41.40%）	76（40.86%）	10（5.38%）	4（2.15%）	186
集体企业	2（18.18%）	7（63.64%）	2（18.18%）	0（0.00%）	0（0.00%）	11
外资企业	1（4.55%）	4（18.18%）	12（54.55%）	3（13.64%）	2（9.09%）	22
政府机关、事业单位	51（12.23%）	196（47.00%）	153（36.69%）	15（3.60%）	2（0.48%）	417
其他	17（15.60%）	53（48.62%）	32（29.36%）	6（5.50%）	1（0.92%）	109

3. 高级会计师考试

表4-49　高级会计师考试在不同性质单位情况统计

类别	很大	较大	一般	较小	很小	小计
国有企业	266（32.64%）	301（36.93%）	216（26.50%）	20（2.45%）	12（1.47%）	815
民营企业	78（41.94%）	69（37.10%）	34（18.28%）	3（1.61%）	2（1.08%）	186
集体企业	6（54.55%）	5（45.45%）	0（0.00%）	0（0.00%）	0（0.00%）	11
外资企业	3（13.64%）	12（54.55%）	5（22.73%）	1（4.55%）	1（4.55%）	22
政府机关、事业单位	174（41.73%）	140（33.57%）	90（21.58%）	8（1.92%）	5（1.20%）	417
其他	58（53.21%）	33（30.28%）	12（11.01%）	5（4.59%）	1（0.92%）	109

4. 显著性检验

显著性检验显示，受访人员所在单位的性质和年龄，与考试难度的感受呈显著的负相关。行政和事业单位的人员更会偏向于认为考试难度大；越是年龄大的人员则越会觉得高级会计资格考试的难度大，但年龄因素对初级和中级考试难度的感受差别不显著（见表4-50）。

表4-50　相关性检验

	Pearson 相关		
选项	您认为初级会计职称考试的难度	您认为中级会计职称考试的难度	您认为高级会计职称考试的难度
所在单位性质	-0.085**	-0.060**	-0.093**
年龄	-0.002	0.003	0.197**
* p<0.05　** p<0.01			

（四）按照年龄的分类

初级、中级、高级会计师考试年龄分布分别如表4-51~表4-53所示。

1. 初级会计师考试

表4-51　初级会计师考试年龄分布

年龄	很大	较大	一般	较小	很小	小计
18~25 岁	6（4.29%）	14（10.00%）	74（52.86%）	38（27.14%）	8（5.71%）	140

续表

年龄	很大	较大	一般	较小	很小	小计
26~35 岁	13 (1.83%)	54 (7.62%)	336 (47.39%)	182 (25.67%)	124 (17.49%)	709
36~45 岁	12 (2.22%)	40 (7.41%)	249 (46.11%)	131 (24.26%)	108 (20.00%)	540
46~55 岁	0 (0.00%)	23 (13.94%)	94 (56.97%)	32 (19.39%)	16 (9.70%)	165
56 岁及以上	0 (0.00%)	2 (33.33%)	3 (50.00%)	1 (16.67%)	0 (0.00%)	6

2. 中级会计师考试

表 4-52　中级会计师考试年龄分布

年龄	很大	较大	一般	较小	很小	小计
18~25 岁	20 (14.29%)	72 (51.43%)	48 (34.29%)	0 (0.00%)	0 (0.00%)	140
26~35 岁	69 (9.73%)	306 (43.16%)	285 (40.20%)	40 (5.64%)	9 (1.27%)	709
36~45 岁	70 (12.96%)	217 (40.19%)	218 (40.37%)	26 (4.81%)	9 (1.67%)	540
46~55 岁	19 (11.52%)	83 (50.30%)	58 (35.15%)	4 (2.42%)	1 (0.61%)	165
56 岁及以上	0 (0.00%)	4 (66.67%)	2 (33.33%)	0 (0.00%)	0 (0.00%)	6

3. 高级会计师考试

表 4-53　高级会计师考试年龄分布

年龄	很大	较大	一般	较小	很小	小计
18~25 岁	87 (62.14%)	43 (30.71%)	10 (7.14%)	0 (0.00%)	0 (0.00%)	140
26~35 岁	294 (41.47%)	268 (37.80%)	125 (17.63%)	10 (1.41%)	12 (1.69%)	709
36~45 岁	151 (27.96%)	184 (34.07%)	175 (32.41%)	21 (3.89%)	9 (1.67%)	540
46~55 岁	51 (30.91%)	64 (38.79%)	44 (26.67%)	6 (3.64%)	0 (0.00%)	165
56 岁及以上	2 (33.33%)	1 (16.67%)	3 (50.00%)	0 (0.00%)	0 (0.00%)	6

二、无纸化考试方式

(一) 基本情况

受访人员中有 46.47% 的人认为无纸化考试"非常好";有 44.29% 的人认为"可以接受但仍有问题";仅 9.23% 的人认为考试"有很大问题"(见表 4-54)。

表 4-54　无纸化考试态度情况统计

选项	小计	占比（%）
无纸化考试非常好，没有问题	725	46.47
无纸化考试可以接受，但仍存在一些问题	691	44.29
无纸化考试不符合传统的阅读书写习惯，限制了答题速度，有很大问题	144	9.23
本题有效填写人次	1560	

（二）无纸化考试方式的认识差异性

检验结果显示，对于无纸化考试方式，受访人员的年龄和性别表现出显著的差异性。年龄越大，对无纸化考试的评价越低；男性比女性对无纸化考试的评价更高（见表4-55）。

表 4-55　无纸化考试方式认识差异性回归系数

	Pearson 相关
选项	您对现有会计专业技术资格无纸化考试方式的态度是
您的年龄	0.085**
您的受教育程度	-0.044
您的性别	0.066**
您的职务	-0.011
您所在单位所属的具体行业	0.026
您所在单位的性质	0.048
您的居住所在地	0.03
您个人的月收入	-0.036

$^{*}p<0.05$　$^{**}p<0.01$

无纸化考试方式和年龄之间的相关系数值为 0.085，并且呈现出 0.01 水平的显著性，因而说明无纸化考试方式和年龄之间有着显著的正相关关系。

无纸化考试方式和性别之间的相关系数值为 0.066，并且呈现出 0.01 水平的显著性，因而说明无纸化考试方式和性别之间有着显著的正相关关系。

三、考试难度与方式的改进

考试难度与方式改进建议汇总如表 4-56 所示。

表 4-56 考试难度与方式改进建议汇总   单位：人

	初级会计师人数	中级会计师人数	高级会计师人数
初级考试难度较低，可以适当增加考试难度	113（26%）	183（33%）	115（29%）
中高级难度较大，可以适当降低考试难度	237（55%）	142（26%）	103（26%）
现有报考条件低，可适当提高报名条件	133（31%）	188（34%）	136（35%）
每年仅组织一次考试，难以满足实际工作需要，可适当增开考试次数	291（67%）	316（58%）	215（55%）
丰富考试方式，自主选择纸质考试或无纸化考试方式	136（31%）	188（34%）	161（41%）
本题有效填写人次	428	541	386

研究显示：

（1）关于初级考试难度较低，可以适当增加考试难度。已通过初级会计师考试的群体没有支持该观点，但已通过中级会计师和高级会计师考试的群体则显著支持这样的观点。

（2）关于中高级难度较大，可以适当降低考试难度。初级会计资格群体显著支持这样的观点，但是中级和高级群体显著不支持这样的观点。

（3）关于现有报考条件低，可适当提高报名条件。初级会计师没有支持这样的观点，中级和高级群体则显著支持这样的观点。

（4）关于每年仅组织一次考试，难以满足实际工作需要，可适当增开考试次数。初级会计资格群体显著支持这样的观点，但是中级和高级群体显著不支持这样的观点。

（5）关于丰富考试方式，自主选择纸质考试或无纸化考试方式。初级会计资格群体显著不支持这样的观点，但是中级和高级群体显著支持这样的观点（见表 4-57）。

表 4-57　不同资格考试建议相关系数

选项	初级会计师	中级会计师	高级会计师
Pearson 相关			
初级考试难度较低，可以适当增加考试难度	0.016	0.144**	0.060**
中高级难度较大，可以适当降低考试难度	0.189**	−0.209**	−0.159**
现有报考条件低，可适当提高报名条件	0.012	0.072**	0.063**
每年仅组织一次考试，难以满足实际工作需要，可适当增开考试次数	0.060**	−0.073**	−0.090**
丰富考试方式，自主选择纸质考试或无纸化考试方式	−0.024	0.018	0.099**

*p<0.05　**p<0.01

第五章　会计资格考试影响因素分析

本章主要探究了影响考生满意度的因素，研究发现，满意度和性别、财务会计、管理会计、企业管理、财务分析、财务管理、战略管理、法律、税收、风险管理、绩效管理、商业环境、职业道德、无纸化考试方式之间有着显著的相关关系。

然后，通过分类统计，分别探究影响初级、中级和高级会计资格考试的满意度的因素。对于初级会计资格考试，工作职务、性别、月收入、财务会计、法律、税收、无纸化考试方式对满意度产生显著的正向影响，其他因素并不会对满意度产生显著影响；对于中级会计资格考试，月收入、财务会计、法律、无纸化考试方式对会计资格考试的满意度产生显著的正向影响关系，企业管理产生显著的负向影响，其他因素没有对满意度产生显著影响；对于高级会计资格考试，月收入、财务会计、财务管理、战略管理、无纸化考试方式对会计资格考试的满意度产生显著的正向影响关系，其他因素不会对会计资格考试产生显著影响。

最后，我们采用多分类 Logistic 回归分析的方法，分别研究"很好/较好""很好/一般""很好/较差""很好/很差"四类组合的内部影响因素。研究发现，为了提高高级会计资格考试的满意度，企业管理、战略管理和法律具有显著的影响；为了提高中级会计资格考试的满意度，财务管理、战略管理、法律、商业环境、财务会计具有显著的影响。

第一节　考生满意度的总体样本回归分析

一、描述性统计

考生满意度描述性分析结果如表 5-1 所示。

表 5-1　考生满意度描述性分析结果

描述分析结果——基础指标					
变量	样本量	最小值	最大值	平均值	标准差	中位数
月收入	1560	1	6	2.569	1.438	2
财务会计	1560	1	5	1.997	1.225	2
管理会计	1560	1	5	2.651	1.309	3
财务管理	1560	1	5	2.589	1.32	2
战略管理	1560	1	5	3.41	1.29	3
法律	1560	1	5	2.878	1.31	3
税收	1560	1	5	2.426	1.341	2
风险管理	1560	1	5	2.755	1.265	3
财务分析	1560	1	5	2.922	1.362	3
商业环境	1560	1	5	3.377	1.27	3
绩效管理	1560	1	5	2.853	1.288	3
企业管理	1560	1	5	3.147	1.298	3
无纸化考试方式	1560	1	3	1.628	0.647	2

二、相关系数分析

如表 5-2 所示，满意度和工作职务之间的相关系数值为 -0.042，接近于 0，并且 p 值为 0.098>0.05，因而说明满意度和工作职务之间并没有相关关系。满意度和月收入之间的相关系数值为 -0.018，接近于 0，并且 p 值为 0.472>0.05，因而说明满意度和月收入之间并没有相关关系。

表5-2　考试满意度相关系数分析

Pearson 相关	
变量	会计资格考试的满意度
工作职务	−0.042
性别	0.067**
月收入	−0.018
财务会计	0.192**
管理会计	0.196**
财务管理	0.187**
战略管理	0.200**
法律	0.194**
税收	0.146**
风险管理	0.216**
财务分析	0.223**
商业环境	0.207**
绩效管理	0.219**
企业管理	0.154**
无纸化考试方式	0.337**

* $p<0.05$　** $p<0.01$

满意度和性别、财务会计、管理会计、企业管理、财务分析、财务管理、战略管理、法律、税收、风险管理、绩效管理、商业环境、职业道德、无纸化考试方式之间有着显著的正相关关系。

三、回归分析

我们将"对会计资格考试的内容、方式等的满意度"作为自变量，将工作职务、性别、月收入、无纸化考试方式、财务会计、管理会计、财务管理、战略管理、法律、税收、风险管理、财务分析、商业环境、绩效管理、企业管理作为因变量，进行 Robust 回归分析（且使用 M 估计法）。模型 R^2 值为 0.186，对模型进行 F 检验时发现模型通过 F 检验（F=23.491，p<0.05）（见表 5-3）。

表 5-3 Robust 回归分析结果

变量	回归系数	标准误	t	p	95%CI（下限）	95%CI（上限）	R^2	调整 R^2	F
常数	0.739	0.121	6.116	0.000***	0.502	0.976			
工作职务	0	0.022	0.021	0.983	-0.043	0.044			
性别	0.082	0.04	2.071	0.038**	0.004	0.16			
月收入	0.05	0.015	3.33	0.001***	0.021	0.079			
财务会计	0.082	0.018	4.488	0.000***	0.046	0.118			
管理会计	0.014	0.021	0.658	0.511	-0.027	0.055			
财务管理	-0.022	0.021	-1.044	0.297	-0.063	0.019			
战略管理	0.031	0.023	1.375	0.169	-0.013	0.076	0.186	0.178	23.491 (0.000***)
法律	0.021	0.02	1.025	0.306	-0.019	0.061			
税收	-0.016	0.018	-0.877	0.38	-0.052	0.02			
风险管理	0.025	0.023	1.114	0.265	-0.019	0.069			
财务分析	0.042	0.022	1.89	0.059*	-0.002	0.086			
商业环境	0.044	0.024	1.813	0.07*	-0.004	0.092			
绩效管理	0.052	0.021	2.457	0.014**	0.01	0.093			
企业管理	-0.047	0.022	-2.169	0.030**	-0.089	-0.005			
无纸化考试方式	0.374	0.028	13.452	0.000***	0.319	0.428			

注：被解释变量为考生满意度，总体样本数量为 1355 个，***、** 和 * 分别表示在 1%、5% 和 10% 的水平下显著。

统计结果显示：性别、月收入、财务会计、财务分析、商业环境、绩效管理、无纸化考试方式会对满意度产生显著的正向影响，以及企业管理会对满意度产生显著的负向影响。但是工作职务、管理会计、财务管理、战略管理、法律、税收、风险管理并不会对总体样本的满意度产生显著影响。

如表 5-4 所示，分类回归结果显示，不同层次的考生对会计考试内容的应用程度存在差别，考生层次越高，对财务管理、战略管理、财务分析的需求越明显。其中，取得初级会计资格考试证书的考生中，性别、月收入、财务会计、法律、税收和无纸化考试方式对满意度具有显著影响；取得中级会计资格考试证书的考生中，月收入、财务会计、法律和无纸化考试方式对满意度具有显著正向影响，企业管理具有显著的负向影响；取得高级会计资格考试证书的考生中，月收入、财务会计、财务管理、战略管理和无纸化考试方式对满意度具有显著影响。

表 5-4 分类回归分析结果

变量	总体	初级	中级	高级
常数	0.739 (0.000***)	0.402 (0.11)	0.809 (0.000***)	0.893 (0.001***)
工作职务	0 (0.983)	0.101 (0.041**)	0.027 (0.438)	-0.03 (0.583)
性别	0.082 (0.038**)	0.275 (0.001***)	0.078 (0.208)	-0.015 (0.825)
月收入	0.05 (0.001***)	0.067 (0.050**)	0.059 (0.010***)	0.058 (0.037**)
财务会计	0.082 (0.000***)	0.067 (0.06*)	0.103 (0.001***)	0.124 (0.002***)
管理会计	0.014 (0.511)	-0.037 (0.392)	-0.035 (0.321)	-0.043 (0.3)
财务管理	-0.022 (0.297)	0.036 (0.432)	0.017 (0.62)	-0.084 (0.049**)
战略管理	0.031 (0.169)	0.008 (0.867)	0.027 (0.442)	0.103 (0.018**)
法律	0.021 (0.306)	0.094 (0.017**)	0.058 (0.084*)	-0.062 (0.111)
税收	-0.016 (0.38)	-0.088 (0.012**)	0.012 (0.689)	-0.01 (0.79)
风险管理	0.025 (0.265)	0.031 (0.461)	0.053 (0.151)	0.069 (0.119)
财务分析	0.042 (0.059*)	0.005 (0.914)	0.025 (0.494)	0.068 (0.112)
商业环境	0.044 (0.07*)	0.056 (0.288)	0.045 (0.259)	0.043 (0.348)
绩效管理	0.052 (0.014**)	0.042 (0.28)	-0.009 (0.786)	0.062 (0.127)
企业管理	-0.047 (0.030**)	-0.058 (0.158)	-0.058 (0.099*)	-0.036 (0.428)

变量	总体	初级	中级	高级
无纸化考试方式	0.374 (0.000 ***)	0.369 (0.000 ***)	0.287 (0.000 **)	0.347 (0.000 ***)
R^2	0.186	0.178	0.164	0.181
调整 R^2	0.178	0.148	0.14	0.147
F	23.491 (0.000 ***)	5.938 (0.000 ***)	6.874 (0.000 ***)	5.434 (0.000 ***)

注：被解释变量为考生满意度，总体样本数量为 1355 个，初级样本数量为 428 个，中级样本数量为 541 个，高级样本数量为 386 个，（）内为 p 值，***、** 和 * 分别表示在 1%、5% 和 10% 的水平下显著。

第二节 会计资格考试满意度的检验

一、初级会计资格考试

统计结果显示：工作职务、性别、月收入、财务会计、法律、无纸化考试方式对满意度为显著的正向影响，其他因素并不会对满意度产生显著影响（见表 5-5 和表 5-6）。

表 5-5 影响满意度的因素相关性检验

Pearson 相关	
变量	对会计资格考试的满意度
工作职务	0.062
性别	0.079
月收入	0.068
财务会计	0.118 **
管理会计	0.105 **
财务管理	0.146 **
战略管理	0.138 **

续表

Pearson 相关	
变量	对会计资格考试的满意度
法律	0.167**
税收	0.056
风险管理	0.160**
财务分析	0.130**
商业环境	0.147**
绩效管理	0.145**
企业管理	0.088
无纸化考试方式	0.322**

* $p < 0.05$ ** $p < 0.01$

表 5-6 Robust 回归分析结果

变量	回归系数	标准误	t	p	95%CI（下限）	95%CI（上限）	R^2	调整 R^2	F
常数	0.402	0.252	1.596	0.11	-0.092	0.896			
工作职务	0.101	0.049	2.04	0.041**	0.004	0.197			
性别	0.275	0.085	3.242	0.001***	0.109	0.441			
月收入	0.067	0.034	1.961	0.050**	0	0.135			
财务会计	0.067	0.036	1.884	0.06*	-0.003	0.137			
管理会计	-0.037	0.043	-0.856	0.392	-0.122	0.048			
财务管理	0.036	0.045	0.785	0.432	-0.053	0.124			
战略管理	0.008	0.046	0.168	0.867	-0.082	0.097			
法律	0.094	0.039	2.377	0.017**	0.016	0.171	0.178	0.148	5.938 (0.000**)
税收	-0.088	0.035	-2.507	0.012**	-0.157	-0.019			
风险管理	0.031	0.042	0.738	0.461	-0.051	0.112			
财务分析	0.005	0.049	0.107	0.914	-0.091	0.101			
商业环境	0.056	0.052	1.063	0.288	-0.047	0.158			
绩效管理	0.042	0.039	1.081	0.28	-0.035	0.119			
企业管理	-0.058	0.041	-1.413	0.158	-0.138	0.022			
无纸化考试方式	0.369	0.052	7.078	0.000***	0.267	0.471			

注：被解释变量为考生满意度，初级样本数量为 428 个，***、** 和 * 分别表示在 1%、5% 和 10% 的水平下显著。

二、中级会计资格考试

中级会计资格考试描述性统计、相关性分析、Robust 回归分析结果如表 5-7～表 5-9 所示。

表 5-7　中级会计资格考试描述性统计

变量	样本量	最小值	最大值	平均值	标准差	中位数
描述分析结果——基础指标						
性别	541	1	2	1.606	0.489	2
工作职务	541	1	4	2.259	0.9	2
月收入	541	1	6	2.848	1.378	3
财务会计	541	1	5	1.817	1.096	1
管理会计	541	1	5	2.464	1.222	2
财务管理	541	1	5	2.464	1.239	2
战略管理	541	1	5	3.318	1.267	3
法律	541	1	5	2.83	1.277	3
税收	541	1	5	2.296	1.264	2
风险管理	541	1	5	2.645	1.203	3
财务分析	541	1	5	2.773	1.316	3
商业环境	541	1	5	3.279	1.268	3
绩效管理	541	1	5	2.81	1.244	3
企业管理	541	1	5	3.187	1.274	3
无纸化考试方式	541	1	3	1.627	0.656	2

表 5-8　中级会计资格考试相关性分析

变量	对会计资格考试的满意度
Pearson 相关	
性别	0.072
工作职务	−0.013
月收入	0.005
财务会计	0.196 **
管理会计	0.161 **
财务管理	0.183 **
战略管理	0.157 **

续表

Pearson 相关	
变量	对会计资格考试的满意度
法律	0.214 **
税收	0.167 **
风险管理	0.198 **
财务分析	0.185 **
商业环境	0.177 **
绩效管理	0.297 **
企业管理	0.150 **
无纸化考试方式	0.165 **

* p<0.05 ** p<0.01

表 5-9　Robust 回归分析结果

变量	回归系数	标准误	t	p	95%CI（下限）	95%CI（上限）	R²	调整 R²	F
常数	0.809	0.197	4.104	0.000 ***	0.423	1.195	0.164	0.14	6.874 (0.000 **)
工作职务	0.027	0.035	0.775	0.438	−0.042	0.097			
性别	0.078	0.062	1.259	0.208	−0.043	0.198			
月收入	0.059	0.023	2.576	0.010 ***	0.014	0.103			
财务会计	0.103	0.031	3.372	0.001 ***	0.043	0.163			
管理会计	−0.035	0.035	−0.992	0.321	−0.103	0.034			
财务管理	0.017	0.034	0.496	0.62	−0.049	0.083			
战略管理	0.027	0.035	0.769	0.442	−0.042	0.096			
法律	0.058	0.034	1.727	0.084 *	−0.008	0.124			
税收	0.012	0.03	0.4	0.689	−0.047	0.071			
风险管理	0.053	0.037	1.436	0.151	−0.019	0.126			
财务分析	0.025	0.036	0.683	0.494	−0.046	0.096			
商业环境	0.045	0.04	1.129	0.259	−0.033	0.122			
绩效管理	−0.009	0.035	−0.272	0.786	−0.078	0.059			
企业管理	−0.058	0.035	−1.647	0.099 *	−0.128	0.011			
无纸化考试方式	0.287	0.044	6.538	0.000 ***	0.201	0.373			

注：被解释变量为考生满意度，中级样本数量为 541 个，＊＊＊、＊＊ 和 ＊ 分别表示在 1%、5% 和 10% 的水平下显著。

统计分析显示：月收入、财务会计、法律、无纸化考试方式对会计资格考试的满意度为显著的正向影响，企业管理则为显著的负向影响，其他因素没有对满意度产生显著影响。

三、高级会计资格考试

高级资格考试描述性统计分析、相关性检验、Robust 回归分析结果如表 5-10~表 5-12 所示。

表 5-10　高级会计资格考试描述性统计分析

描述分析结果——基础指标						
变量	样本量	最小值	最大值	平均值	标准差	中位数
性别	386	1	2	1.526	0.5	2
工作职务	386	1	4	2.974	0.656	3
月收入	386	1	6	3.466	1.362	3
财务会计	386	1	5	1.723	1.049	1
管理会计	386	1	5	2.28	1.171	2
财务管理	386	1	5	2.155	1.145	2
战略管理	386	1	5	2.974	1.221	3
法律	386	1	5	2.536	1.202	2
税收	386	1	5	2.122	1.17	2
风险管理	386	1	5	2.422	1.124	2
财务分析	386	1	5	2.456	1.177	2
商业环境	386	1	5	3.096	1.197	3
绩效管理	386	1	5	2.604	1.2	3
企业管理	386	1	5	2.987	1.177	3
无纸化考试方式	386	1	3	1.699	0.631	2

表 5-11　高级会计资格考试相关性检验

Pearson 相关	
变量	对会计资格考试的满意度
性别	−0.002
工作职务	−0.052

续表

Pearson 相关	
变量	对会计资格考试的满意度
月收入	0.01
财务会计	0.182 **
管理会计	0.197 **
财务管理	0.167 **
战略管理	0.251 **
法律	0.139 **
税收	0.123 **
风险管理	0.210 **
财务分析	0.222 **
商业环境	0.209 **
绩效管理	0.312 **
企业管理	0.246 **
无纸化考试方式	0.152 **

* p<0.05 ** p<0.01

表 5-12　Robust 回归分析结果

变量	回归系数	标准误	t	p	95%CI（下限）	95%CI（上限）	R^2	调整 R^2	F
常数	0.893	0.274	3.265	0.001 ***	0.357	1.429			
工作职务	-0.03	0.055	-0.548	0.583	-0.137	0.077			
性别	-0.015	0.069	-0.221	0.825	-0.151	0.121			
月收入	0.058	0.028	2.088	0.037 **	0.004	0.113			
财务会计	0.124	0.039	3.164	0.002 ***	0.047	0.2			
管理会计	-0.043	0.042	-1.036	0.3	-0.125	0.039	0.181	0.147	5.434 (0.000 **)
财务管理	-0.084	0.043	-1.966	0.049 **	-0.168	-0			
战略管理	0.103	0.044	2.363	0.018 **	0.018	0.189			
法律	-0.062	0.039	-1.593	0.111	-0.138	0.014			
税收	-0.01	0.039	-0.266	0.79	-0.087	0.066			
风险管理	0.069	0.044	1.561	0.119	-0.018	0.156			

续表

变量	回归系数	标准误	t	p	95%CI（下限）	95%CI（上限）	R^2	调整R^2	F
财务分析	0.068	0.043	1.588	0.112	-0.016	0.153			
商业环境	0.043	0.046	0.938	0.348	-0.047	0.133			
绩效管理	0.062	0.041	1.525	0.127	-0.018	0.143	0.181	0.147	5.434（0.000**）
企业管理	-0.036	0.045	-0.792	0.428	-0.124	0.053			
无纸化考试方式	0.347	0.055	6.289	0.000***	0.239	0.456			

注：被解释变量为考生满意度，高级样本数量为386个，***、**和*分别表示在1%、5%和10%的水平下显著。

统计分析显示：月收入、财务会计、战略管理、无纸化考试方式对会计资格考试的满意度为显著的正向影响，其他因素不会产生显著影响。

第三节　会计资格考试满意度的改进重点检验

我们采用多分类Logistic回归分析的方法，将财务会计（核算、报表与信息披露等）、管理会计（预算管理、成本控制等），财务管理（资金管理调拨、现金预算等）、战略管理（参与公司战略决策等）、法律（合同法）、税收（如申报、政策研究与筹划）、风险管理（如内控制度和审计）、财务分析（如利用资本运作筹资、重大投融资策略分析等）、商业环境（各类宏观政策和监督政策分析）、绩效管理（业绩考核评价等）、企业管理（供应链管理、生产管理、项目管理、企业文化等）作为自变量，将对会计资格考试的满意度作为因变量，进行多分类Logistic回归分析（并且以对会计资格考试的内容、方式等的满意度的第一项"很好"作为参照项进行对比分析）。分别研究"很好/较好""很好/一般""很好/较差""很好/很差"四类组合的内部影响因素。

一、中级会计资格考试

统计结果显示，为了提高中级会计资格考试的满意度，财务管理、战略管理、法律、商业环境、财务会计具有显著的影响（见表5-13和表5-14）。

表 5-13　多分类 Logistic 回归分析基本汇总

名称	选项	频数	占比（%）
对会计资格考试的满意度	很好	70	12.94
	较好	302	55.82
	一般	161	29.76
	较差	6	1.11
	很差	2	0.37
	总计	541	100

注："较差""很差"人数不具有代表性，可以忽略。

表 5-14　多分类 Logistic 回归分析结果汇总

较好/很好	回归系数	标准误	Z 值	P 值	OR 值	OR 值 95%CI（L）	OR 值 95%CI（U）
财务会计	0.298	0.184	1.618	0.106	1.347	0.939	1.934
管理会计	0.026	0.169	0.153	0.878	1.026	0.737	1.429
财务管理	0.28	0.168	1.659	0.097*	1.322	0.951	1.84
战略管理	-0.3	0.164	-1.825	0.068*	0.741	0.537	1.022
法律	0.321	0.16	2.012	0.044*	1.379	1.008	1.885
税收	-0.11	0.147	-0.751	0.453	0.895	0.671	1.194
风险管理	-0.24	0.182	-1.315	0.189	0.787	0.55	1.125
财务分析	0.018	0.18	0.099	0.921	1.018	0.715	1.45
商业环境	0.367	0.185	1.991	0.046*	1.444	1.006	2.073
绩效管理	-0.067	0.172	-0.393	0.695	0.935	0.668	1.309
企业管理	-0.079	0.167	-0.472	0.637	0.924	0.666	1.283
截距	0.514	0.455	1.131	0.258	1.672	0.686	4.077
一般/很好	回归系数	标准误	Z 值	P 值	OR 值	OR 值 95%CI（L）	OR 值 95%CI（U）
财务会计	0.541	0.192	2.812	0.005***	1.717	1.178	2.503
管理会计	-0.025	0.182	-0.14	0.889	0.975	0.682	1.394
财务管理	0.19	0.182	1.048	0.294	1.21	0.847	1.727
战略管理	-0.045	0.182	-0.245	0.806	0.956	0.669	1.367
法律	0.373	0.173	2.149	0.032**	1.452	1.033	2.039
税收	-0.01	0.157	-0.066	0.948	0.99	0.728	1.346
风险管理	0.029	0.196	0.148	0.883	1.029	0.7	1.513
财务分析	0.016	0.195	0.083	0.933	1.016	0.693	1.49

续表

一般/很好	回归系数	标准误	Z 值	P 值	OR 值	OR 值95%CI（L）	OR 值95%CI（U）
商业环境	0.347	0.204	1.702	0.089*	1.414	0.949	2.108
绩效管理	-0.042	0.187	-0.223	0.823	0.959	0.665	1.384
企业管理	-0.267	0.186	-1.438	0.151	0.765	0.531	1.102
截距	-1.608	0.521	-3.084	0.002	0.2	0.072	0.557

注：被解释变量为考生满意度，中级样本数量为541个，***、** 和 * 分别表示在1%、5%和10%的水平下显著。

二、高级会计资格考试

统计结果显示，为了提高高级会计资格考试的满意度，企业管理、战略管理和法律具有显著的影响（见表5-15和表5-16）。

表5-15　多分类 Logistic 回归分析基本汇总

名称	选项	频数	占比（%）
对会计资格考试的满意度	很好	58	15.03
	较好	212	54.92
	一般	107	27.72
	较差	9	2.33
	总计	386	100

注："较差"人数不具有代表性，可以忽略。

表5-16　多分类 Logistic 回归分析结果汇总

较好/很好	回归系数	标准误	Z 值	P 值	OR 值	OR 值95%CI（L）	OR 值95%CI（U）
财务会计	0.09	0.212	0.424	0.672	1.094	0.722	1.659
管理会计	0.225	0.222	1.011	0.312	1.252	0.81	1.934
财务管理	-0.271	0.215	-1.259	0.208	0.763	0.5	1.163
战略管理	0.281	0.22	1.273	0.203	1.324	0.86	2.039
法律	-0.171	0.193	-0.884	0.377	0.843	0.577	1.231
税收	-0.016	0.196	-0.083	0.934	0.984	0.67	1.444
风险管理	-0.221	0.225	-0.982	0.326	0.802	0.516	1.246

续表

较好/很好	回归系数	标准误	Z值	P值	OR值	OR值95%CI（L）	OR值95%CI（U）
财务分析	-0.009	0.213	-0.042	0.967	0.991	0.653	1.505
商业环境	0.235	0.21	1.117	0.264	1.265	0.838	1.909
绩效管理	0.007	0.207	0.032	0.975	1.007	0.671	1.511
企业管理	0.399	0.224	1.784	0.074 *	1.49	0.961	2.309
截距	-0.304	0.488	-0.623	0.533	0.738	0.283	1.92
一般/很好	回归系数	标准误	Z值	P值	OR值	OR值95%CI（L）	OR值95%CI（U）
财务会计	0.502	0.225	2.237	0.025	1.652	1.064	2.566
管理会计	0.07	0.238	0.295	0.768	1.073	0.673	1.711
财务管理	-0.327	0.24	-1.362	0.173	0.721	0.451	1.154
战略管理	0.666	0.245	2.722	0.006 ***	1.947	1.205	3.145
法律	-0.358	0.214	-1.674	0.094 **	0.699	0.46	1.063
税收	-0.084	0.216	-0.39	0.697	0.919	0.602	1.403
风险管理	0.034	0.242	0.141	0.888	1.035	0.644	1.661
财务分析	0.082	0.232	0.355	0.722	1.086	0.69	1.709
商业环境	0.077	0.237	0.325	0.745	1.08	0.678	1.72
绩效管理	0.321	0.229	1.402	0.161	1.378	0.88	2.157
企业管理	0.136	0.253	0.535	0.592	1.145	0.697	1.882
截距	-2.235	0.574	-3.891	0	0.107	0.035	0.33

注：被解释变量为考生满意度，高级样本数量为386个，***、**和*分别表示在1%、5%和10%的水平下显著。

第四节 其他视角的进一步检验

一、房地产行业会计高管的持证调查

为了更深入地了解企业和社会对会计专业技术资格证书的认知度与含金量的评价，我们统计了2018年7月之前在上海证券交易所上市的78家房地产企业的高管持有会计专业技术资格证书的情况。在这78家企业中，有46家企业的财报中没有详细地介绍公司高管的证书持有情况，因此有效的数据来源于其余 32 家公司。

　　本次统计的 32 家房地产上市企业共有高管 593 名，这其中有 105 人具有会计专业技术资格证书，占总人数的 17.7%。2017 年，在拥有会计专业技术资格证书的人当中，具有注册会计师资格的人数最多，有 45 人，占职称人数的 42.5%，接近半数，紧随其后的是高级会计师资格证书持有者，有 35 人，占总数的 33.3%，之后是中级会计师，共有 25 人，占比 23.8%（见表 5-17）。由结果来看，在上市企业高管中，受欢迎程度与认可度最高的还是注册会计师，这也与我国会计专业技术职称的设置、评判标准与薪酬待遇有很大的关系。

表 5-17　2010~2017 年具有会计资格证明的高管人数统计

年份	2010	2011	2012	2013	2014	2015	2016	2017	总计
初级会计师	0	0	0	0	0	1	0	0	1
中级会计师	18	16	19	22	24	25	25	25	174
高级会计师	23	23	28	25	26	29	30	35	219
注册会计师	24	24	28	26	30	39	40	45	256
总计	65	63	75	73	80	94	95	105	650

　　2010~2017 年，具有会计职称和执业资格的高管人数在不断增多，2017 年的持有者数量已较 2010 年增加了 61.54%。中级、高级、注册会计师的数量均随着年份的变化而不断增长，这其中注册会计师的增长速度最快，从 2010 年到 2017 年，其增幅达到 87.5%，远高于高级会计师的 52.17% 与中级会计师的 38.89%。而在这三种资格类型中，持有数量最多的也是注册会计师，其次为高级会计师，最后为中级会计师。综上可以看出，注册会计师的社会认可度和含金量要高于高级会计师与中级会计师，且随着年份的增加，这样的趋势越发显著。

　　统计调查结果明显可看出，就总体人数而言，在统计的 2010~2017 年的具有会计资格的房地产企业高管中，持有会计专业技术职称的人数占当年的 60% 左右，注册会计师的人数则占大约 40%，就证书的广泛性和普适性而言，会计职称证书较注册会计师证书略胜一筹。然而，在高端会计人才证书的选择上，2010年高级会计师人数占比比注册会计师低了 2%，而到了 2017 年这个数字变成了

10%。在这7年中，高级会计师的人数占当年总人数的比例稳定在33%左右，相比之下注册会计师的人数则呈现出了一个稳步上升的趋势。这也就意味着，在高端会计证书的选择上，企业高管更倾向于注册会计师。

二、对在校大学生的问卷调查

在校大学生是未来国家建设的主导力量，也是会计人才市场的重要提供来源。为了使研究过程更具可操作性、研究结果更具可信度，本书选择以高校大学生作为对会计资格考试认知度的问卷调查研究对象。一方面，大学作为个人从学校走向社会的过渡阶段，同学们会根据社会对人才的要求决定自己的发展方向，包括考取什么样的证书能够更受认可、更容易找到好工作、获得更优待遇等，所以大学生群体是研究社会对会计资格考试认知度的优良窗口；另一方面，高校大学生群体对于各种会计资格证书有更多的了解，并且紧跟时代变化，尤其是中央财经大学作为一所国内知名的财经类高校，有理由相信其学生对会计行业的了解度高于普通综合类院校。因此，以该校学生作为调查样本，得出的结论比对社会公众随机进行问卷调查研究得出的结果更具有可靠性。

本次共有242位就读于中央财经大学的在校生参与了问卷调查，其中198位同学主修会计学专业，44位同学主修非会计学专业，非主修会计学专业的同学中又有21位同学辅修会计学专业。242位受访人员中，大一学生占比40.08%，大二学生占比13.64%，大三学生占比24.79%，大四学生占比1.65%，研究生占比19.83%。经过近一个月的问卷收集，一共得到了242份有效答卷。其中，198位受访人员主修会计学专业，21位受访人员辅修会计学双学位，有会计学教育背景的受访人员占比达到90.50%。

受访人员对各项考试的认可度评分均值如表5-18所示，评分越高代表认可度越高。

表5-18 认可度评分均值

考试名称	ACCA	CPA	CMA	CFA	FRM	会计资格考试
认可度均值	7.30	9.22	7.11	8.07	7.25	7.08

由表 5-18 可知，会计资格考试的认可度均值在被调查的 6 项考试中最低，仅为 7.08，CPA 考试认可度评分均值最高，达到了 9.22。接下来，本书对年级和专业与会计资格考试认可度评分之间的相关性进行了检验。

年级与对会计资格考试认可度评分的交叉分析如图 5-1 所示，不同年级对会计资格考试认可度评分的平均值是有差异的。年级与认可度评分相关性检验结果显示，年级和对会计资格考试认可度评分之间的相关系数值为 0.084，接近于 0，并且 p 值为 0.404>0.05，因而说明年级与对会计资格考试认可度评分之间并没有显著相关关系。但考虑到年级为大四的受访人员仅有 4 人，而其余四个年级（大一、大二、大三、研究生）都各有 30 人以上，所以去掉年级为大四的受访人员记录，重新进行相关性检验，其结果显示年级与对会计资格考试认可度评分之间的相关系数值为 0.077，接近于 0，并且 p 值为 0.447>0.05，因而也说明年级与对会计资格考试认可度评分之间并没有显著相关关系。

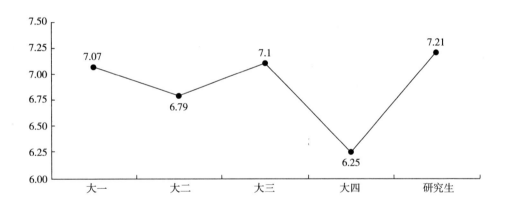

图 5-1　年级与对会计职称考试认可度评分的交叉分析

主修会计专业的受访人员共 198 人，他们对会计资格考试认可度评分的平均分为 6.95；主修非会计专业的受访人员共 44 人，他们对会计资格考试认可度评分的平均分为 7.5。但是专业与认可度评分相关性检验结果显示，是否主修会计学专业和对会计资格考试认可度评分之间的相关系数值为 0.186，接近于 0，并且 p 值为 0.064>0.05，因而说明是否主修会计学专业与对会计资格考试认可度评分之间并没有显著相关关系；同理，检验出是否辅修会计学双学位与对会计资格考试认可度评分之间也没有显著相关关系。

综上所述，本次调查问卷结果并没有检验出年级和专业背景与对会计资格考试认可度评分之间的相关性。

各影响因素的重要性评分均值统计结果如表 5-19 所示，除"社会（行业）对该考试的认可度"这项因素的重要性评分均值显著较高之外，其余四项因素均值差异不大，但均值都在 7.5 左右，应属较高，可以认为这四项因素都对认可度评分有一定影响。

表 5-19 重要性评分均值

认可度影响因素	重要性评分均值
社会（行业）对该考试的认可度	8.54
该考试的国际化程度	7.33
通过该考试的难度	7.76
该考试内容是否系统全面	7.62
该考试对个人能力的提升程度	7.69

从问卷调查结果中，可以明显地看出，我国会计职称考试的认可度评分均值最低，而我国的注册会计师考试和对应的国外会计类证书认可度评分都明显高于会计职称考试。

第六章 会计资格考试的互认互免

第一节 会计考试的成本调查

一、调查方案的设计

（一）考试互认互免的必要性

自1992年起，国家对会计人才的评价方式由以往的职称评定和职务聘任改为资格考试，同时随着改革浪潮的推进和经济的不断发展而导致会计重要性日益凸显，很多与会计相关的考试应运而生，也深受会计人员的热捧。从表6-1可以看出，2014~2019年，会计证书的报考人数日益增多，这一方面体现了会计证书在会计人员心目中的重要地位，另一方面也体现出会计已经成为社会经济领域的基础知识。表中数据同时反映出不同会计证书报考人数差异很大，比如2019年，会计职称资格考试的报考人数约为604.9万人，而审计职称考试的报考人数仅为会计职称报考人数的1%，约为6.65万人，差距如此之大，说明社会对不同证书的认可度不同。在报考人数上，会计专业职称>注册会计师考试>税务师资格考试>资产评估师考试>审计专业职称，本书主要选取了报考人数最多、与会计关系最密切的会计职称考试、注册会计师考试和税务师资格考试作为会计证书的代表进行相关分析。

表 6-1　2014~2019 年会计类证书报考人数统计　　　单位：万人

考试名称	2014 年	2015 年	2016 年	2017 年	2018 年	2019 年
初级会计职称	137.00	128.00	145.00	186.68	403.60	439.00
中级会计职称	72.40	79.11	83.19	113.7	135.40	160.00
高级会计职称	5.00	3.99	3.86	5.46	5.60	5.90
初级审计职称	Null	Null	Null	1.53	2.07	2.29
中级审计职称	Null	Null	Null	3.67	3.74	4.04
高级审计职称	Null	Null	Null	0.4	0.33	0.32
资产评估师考试	Null	2.00	1.50	4.20	6.77	8.44
税务师资格考试	18.80	16.90	17.60	22.60	33.67	55.50
注册会计师	65.70	81.50	97.10	118.20	139.30	169.30

资料来源：中国注册会计师协会官网、全国会计资格评价网等网站，经作者整理，Null 表示未能找到相关数据。

　　在国际社会上，证书间的互认互免已不是新鲜的事情，国家间的会计师组织彼此签订互认互免的相关协议并确定相互认证条件。以美国注册会计师（AIC-PA）为例，其已经与澳大利亚特许会计师协会（ICAA）、加拿大特许会计师协会（CGA）、爱尔兰特许会计师协会（CAI）、墨西哥注册会计师协会（IMCP）、香港会计师公会（HKICPA）、新西兰特许会计师协会（NZICA）、苏格兰特许会计师协会（ICAS）、澳洲会计师公会（Australia CPA）等会计师组织签订了互认协议，这些会计师组织会员可通过参加 IQEX（国际统一注册会计师资格考试）直接获得 AICPA 执照。AICPA 在与其他会计师组织部分科目互免方面也有协议，比如 AICPA 持证人员可以获得 ACCA（特许公认会计师公会）考试 8 门课程（F1-F6 和 F8-F9）的免试资格，还可以免试 ICA（英国皇家特许会计师）初级部分 6 门考试。在其他国家，类似的会计证书间互认互免的做法也已经被广为认可和接受。

　　反观中国，国际化程度逐渐加深，"一带一路"倡议深度实施，企业会计准则与国际会计准则全面趋同，但到目前为止，我国的会计类证书只有 CICPA 与国际上的其他会计师组织有互认互免相关政策。并且，目前达成互认的只有 AC-CA、HKICPA、ACA 等为数不多的几类证书，与 ACCA 证书也仅仅是单项互免，即 2009 年实施 "6+1" 制度前获得全科合格证或者会员资格证的 CICPA 学员，可以获得 ACCA F1-F4 和 F6 这 5 门课程的免试；2009 年后获得全科合格证或者会员资格证的 CICPA 学员，则可以获得 ACCA F1-F9 9 门课程的免试。除了 CIC-PA，其他国内会计证书与国际上其他会计师组织都没有互认互免政策。这就导致国际上对中国的国内证书认可程度较低，比如我国的会计职称考试，国际上没有我国现行的会计职称称谓（高级、中级、初级会计师），进行国际交流时，国际会计人士对此称谓难以理解，有碍国际交流。

国内的会计类证书也有很多，但是彼此之间存在互认互免的却较少。目前仅有税务资格考试和资产评估考试与其他高级职称有互认互免政策，但条件也相当苛刻，在现实中很难满足。对税务资格考试来说，已评聘经济、审计等高级专业技术职务且从事涉税工作满两年的，可申请免试《财务与会计》科目；对于资产评估考试来说，取得高级会计师、高级审计师、高级经济师职称，或者通过全国统一考试取得注册会计师证书，可免试资产评估师考试中《资产评估相关知识》科目。

会计作为一门通用的商业语言，会计类证书考试大纲相似之处甚多，没有互认互免机制可能会导致资源的浪费；同时国外一大堆会计行业的证书涌入我国，如 ACCA、AICPA、Australia CPA、CFA、CMA 等，这些国外证书越来越受到国内各用人单位的认可，国内会计证书考试面临着与国际间会计证书同台竞争的压力。同类专业资格证书的国际互认问题得不到解决，既影响我国会计资格证书考试在国际上的影响力，也浪费了社会资源。

（二）问卷的发放与收回

问卷调查主要以中央财经大学在校生、中央财经大学毕业校友为主，通过微信手机问卷方式，问卷调查的典型单位包括：北京金隅集团股份有限公司、中国铁道建筑集团有限公司、中国水利水电建设集团有限公司、中国航空油料集团有限公司、北京北辰实业集团有限责任公司、河北省高级会计人才培训班、中央财经大学硕士研究生。

调查采用"问卷星"系统，为避免同一持证用户重复作答，设定每个手机 IP 只可填写一次问卷。本次调查自 2020 年 1 月 4 日至 23 日，共收回有效问卷 439 份，其中男性 123 人、女性 316 人；约有 78% 的被调查人员处于 18~35 岁；94% 以上的人员获得大专及以上学历；35.54% 的问卷来源于会计专业学生，其余问卷来自所处行业较为分散的会计从业人员。

借助于问卷填写的物理 IP 地址，可以看出：受访人员分布在我国除了西藏和青海以外的省份、自治区和直辖市，其中北京占绝大多数，为 54.44%，剩余的分布较为分散（见图 6-1）。受访人员所在地区以大中城市为主，其中省会城市/计划单列市、直辖市占比约 80.41%（见图 6-2）。

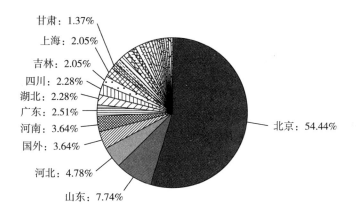

甘肃：1.37%
上海：2.05%
吉林：2.05%
四川：2.28%
湖北：2.28%
广东：2.51%
河南：3.64%
国外：3.64%
河北：4.78%
山东：7.74%
北京：54.44%

图 6-1 受访人员所在省份分布

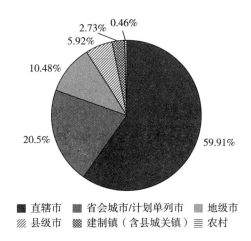

2.73% 0.46%
5.92%
10.48%
20.5%
59.91%

■ 直辖市 ■ 省会城市/计划单列市 ▨ 地级市
▨ 县级市 ▨ 建制镇（含县城关镇） ▤ 农村

图 6-2 受访人员分布区域

在所有的受访人员中，学生占比为 35.54%，会计工作人员占比为 64.46%，

本部分就受访人员如何处理考证和学习课程（或者工作）的关系分别从学生和会计从业人员展开调查。从表6-2可以看出，受访学生中，约有45.51%的学生大部分时间用于专业课程学习，而约50%的学生都曾因考证或多或少地占用上课时间；在受访的会计从业人员中，有接近31%的人员占用工作时间备考。这反映出不管对于在校学生还是对于会计从业人员，会计类证书的地位都举足轻重，且会计证书在学生心中的地位比在职人士更胜一筹。

表6-2　受访人员处理学习专业课程（或工作）与考取会计类证书的关系情况

选项	学生（%）	会计从业人员（%）
大部分时间用于专业课程的学习（工作）	45.51	65.37
偏重考证，减少专业课程的学习（工作时间）	14.74	3.18
偶尔占用上课（工作）时间备考相关证书	35.26	28.62
经常占用上课（工作）时间备考相关证书	4.49	2.83
本题有效填写量（人次）	156	283

二、会计证书考试投入的分析

（一）持证人员对会计证书难易度的认知

从表6-3可以看出，持证人员中很大部分（75.90%）的人认为CPA考试难度"较大"或"很大"，半数（50%）的人认为ACCA考试难度"较大"或"很大"；而会计职称考试中，初级（97.42%）、中级（77.39%）、高级（64.44%）的持证人认为其难度"一般""较小""很小"；CMA考试中，81.82%的持证人认为其难度"一般""较小""很小"。

表6-3　持证人员对会计证书难易度的认知情况

难易程度	CPA（%）	ACCA（%）	会计职称证书（%）			CMA（%）
			初级	中级	高级	
很大	15.66	10.00	0.00	3.48	2.22	0.00
较大	60.24	40.00	2.58	19.13	33.33	18.18
一般	21.69	50.00	40.00	54.78	46.67	72.73
较小	1.20	0.00	31.61	17.39	17.78	4.55

续表

难易程度	CPA（%）	ACCA（%）	会计职称证书（%）			CMA（%）
			初级	中级	高级	
很小	1.20	0.00	25.81	5.22	0.00	4.55
本题有效填写量（人次）	83	10	155	115	45	22

（二）备考人员对会计证书难易度的认知

从表6-4可以看出，大部分的会计证书备考人员对 CPA 期望较高，其中绝大部分（90.32%）的人认为 CPA 考试难度"较大"或"很大"，该比例远高于 CPA 证书的持证人员；大部分（55.17%）的备考人员认为 ACCA 考试难度"较大"或"很大"，与持证人员认知度基本一致；初级（82.14%）、中级（53.57%）、高级（46.43%）的持证人认为其难度"一般""较小""很小"。

表6-4　备考人员对会计证书难易度的认知情况

难易程度	CPA（%）	ACCA（%）	会计职称证书（%）			CMA（%）
			初级	中级	高级	
很大	35.48	17.24	7.14	21.43	21.43	16.67
较大	54.84	37.93	10.71	25.00	32.14	33.33
一般	9.68	41.38	35.71	50.00	46.43	50.00
较小	0.00	3.45	39.29	0.00	0.00	0.00
很小	0.00	0.00	7.14	3.57	0.00	0.00
本题有效填写量（人次）	248	29	28	28	28	12

通过受访人员对会计证书难易度的评析可以看出，对于国内主流会计证书，难度排序是：注册会计师>高级会计职称>中级会计职称>初级会计职称，而且注册会计师对会计从业人员来说难度较大。

（三）持证人员考证所用次数情况

上文了解了受访人员已获取的会计类证书情况，其中会计类证书占比较高的有 CPA、会计职称、ACCA 和 CMA。本部分针对受访人获取的各项证书，调查取得该证书所用的次数。从表6-5可以看出：通过 CPA 考试的83名受访者中，大约80%需要3次及以上，更有接近40%的受访者需要3次以上；通过 ACCA 考试的 10 名持证人员中，有 90%的受访者需要 3 次以上才能拿到证书。出现上述现象在很大程度上是因为 CPA 和 ACCA 考试科目较多，很少有考生能够一次性通过。而对于会计职称考试和 CMA 考试，90%左右的受访者都能够在 2 次（含）以内通过。该结果从侧面反映出，相比会计职称考试和 CMA 考试，CPA 和 AC-CA 考试对考生来说难度更大，考取成本更高，同时也获得了更高的知名度。

表 6-5　持证人员考证所用次数情况

次数	CPA (%)	ACCA (%)	会计职称证书（%）			CMA (%)
			初级	中级	高级	
1 次	4.82	0.00	87.74	49.57	68.89	45.45
2 次	15.66	10.00	10.97	46.09	31.11	45.45
3 次	39.76	0.00	0.65	1.74	0.00	9.09
3 次以上	39.76	90.00	0.65	2.61	0.00	0.00
本题有效填写量（人次）	83	10	155	115	45	22

（四）持证人员考证花费费用情况

本部分调查持证人员考证花费成本，为真实反映备考方式的不同导致的成本差异，笔者首先调查了持证人员备考方式。

1. 持证人员复习备考方式

从备考方式上看，对于 CPA 考试，38.55%的考生在备考时选择自行购买讲解视频进行学习，有 10.84%的考生选择参加培训班授课学习，合起来比重接近 50%；对于 ACCA 考试，两者比例之和更是达到了 70%，同时购买学习视频的备考方式因灵活性强而更被大家认可和接受。虽然中级会计职称考试和高级会计职称考试普遍被认为难度一般，仍有 35%左右的考生参加培训班或购买视频复习备考。CMA 考试商业化程度相比而言最高，仅参加培训班的考生就超过了 40%（见表 6-6）。

表 6-6　持证人员复习备考方式情况

备考方式	CPA (%)	ACCA (%)	会计资格证书（%）			CMA (%)
			初级	中级	高级	
有详细的学习计划，自己看书复习	36.14	10.00	30.97	33.91	28.89	18.18

续表

备考方式	CPA（%）	ACCA（%）	会计资格证书（%）			CMA（%）
			初级	中级	高级	
参加培训班，跟班复习	10.84	20.00	2.58	11.30	8.89	40.91
购买学习视频，在线学习	38.55	50.00	14.84	25.22	26.67	27.27
考前集中复习	13.25	20.00	47.10	26.96	28.89	13.64
其他	1.20	0.00	4.52	2.61	6.67	0.00
本题有效填写量（人次）	83	10	155	115	45	22

2. 持证人员不同备考方式花费费用情况

为清楚了解不同备考方式花费费用情况，本书主要针对参加培训班或者购买学习视频的考生分别做了具体的调查，而选择自己看书复习和考前集中复习这两种备考方式，花费的费用仅为购买考试大纲或者教辅资料，这是所有的备考方式所必需的。

参加培训班备考学习的持证人员中，对于 CPA 考试而言，大部分（77.77%）考生花费在 5000 元以内，会计职称考试的花费也基本在 5000 元以内，没有超过 10000 元的。然而，ACCA 培训班花费都在 10000 元以上，CMA 培训班花费均在 5000 元以上，甚至有 66.66% 的 CMA 证书持有者花费在 10000 元以上（见表6-7）。

表6-7　持证人员参加培训班花费费用情况

培训班花费	CPA（%）	ACCA（%）	会计资格证书（%）			CMA（%）
			初级	中级	高级	
2000 元（含）以下	33.33	0.00	50.00	61.54	25.00	0.00
2000~5000 元（含）	44.44	0.00	50.00	30.77	50.00	0.00
5000~10000 元（含）	11.11	0.00	0.00	7.69	25.00	33.33
10000~20000 元（含）	0.00	50.00	0.00	0.00	0.00	44.44
20000 元及以上	11.11	50.00	0.00	0.00	0.00	22.22
本题有效填写量（人次）	9	2	2	13	4	9

购买学习视频自行学习的持证人员中，绝大多数（62.50%）的 CPA 证书持有者购买视频花费在 2000 元以下，没有人在购买视频上花费超过 10000 元的；

绝大多数（初级 100%，中级 82.76%，高级 75.00%）的会计资格证书持有者购买视频花费在 2000 元以下，没有超过 10000 元的；而绝大多数（66.67%）的 CMA 证书持有者购买视频花费在 10000~20000 元；而 ACCA 持证者在视频花费上参差不齐，差异较大（见表 6-8）。

表 6-8　持证人员购买视频花费费用情况

购买视频花费	CPA（%）	ACCA（%）	会计资格证书（%）			CMA（%）
			初级	中级	高级	
2000 元（含）以下	62.50	40.00	100.00	82.76	75.00	33.33
2000~5000 元（含）	28.13	20.00	0.00	13.79	25.00	0.00
5000~10000 元（含）	9.38	20.00	0.00	3.45	0.00	0.00
10000~20000 元（含）	0.00	0.00	0.00	0.00	0.00	66.67
20000 元及以上	0.00	20.00	0.00	0.00	0.00	0.00
本题有效填写量（人次）	32	5	23	29	12	6

通过对比发现，一般来说，参加培训班的备考方式所花费的费用远大于购买学习视频的备考方式，同时国外证书的备考花费费用远大于国内证书的花费。

（五）备考人员预计考证花费费用情况

上文了解了会计从业人员正在备考或者准备备考的会计证书情况，结果显示大部分（56.49%）的会计人员正在备考 CPA 考试，30.53% 的会计人员正在备考会计资格证书考试，本部分就针对这些备考人员调查其预期在考证上面花费的费用。表 6-9 数据显示，对于 CPA 证书而言，72.18% 的备考考生预期花费在 2000 元以下，20.56% 的备考考生预期花费在 2000~5000 元，预期花费在 5000 元以上的考生较少；对于 ACCA 而言，79.32% 的备考考生预期花费在 5000 元以上，更有 24.14% 的备考考生预期花费在 20000 元以上；对于会计资格证书而言，预期花费大多（初级 92.86%，中级 89.29%，高级 71.43%）在 2000 元以下；对于 CMA 证书而言，预期花费较为分散，有 33.33% 的备考考生预期花费在 10000~20000 元。

整体而言，会计证书备考考生在证书上预期投入顺序为：ACCA＞CMA＞CPA＞高级会计职称＞中级会计职称＞初级会计职称，与上文持证人员实际花费的顺序较为一致。

表6-9 备考人员预计考证花费费用情况

备考预计花费	CPA（%）	ACCA（%）	会计资格证书（%）			CMA（%）
			初级	中级	高级	
2000元（含）以下	72.18	10.34	92.86	89.29	71.43	16.67
2000~5000元（含）	20.56	10.34	7.14	3.57	10.71	25.00
5000~10000元（含）	4.84	27.59	0.00	7.14	14.29	25.00
10000~20000元（含）	1.21	27.59	0.00	0.00	3.57	33.33
20000元及以上	1.21	24.14	0.00	0.00	0.00	0.00
本题有效填写量（人次）	248	29	28	28	28	12

（六）持证人员考证花费时间情况

会计人员考证成本不仅包括参加培训班、购买复习资料或者购买学习视频等金钱成本，而且包括复习备考耗费的时间及精力，本部分就调查了持证人员在考证过程中花费的时间情况。

如表6-10所示，持证人员备考CPA、ACCA考试的时间相对较长，对CPA考试而言，37.35%的持证人员的准备时间在1年以上，利用数学期望大概需要准备10个月，ACCA考试准备时间数学期望约为17个月；会计资格考试准备时间相对较少，仅需3~4个月。这说明CPA和ACCA考试科目较多，难度较大，同时ACCA的全英文考试特点给考生增加了不少难度；而会计职称类考试科目较少，备考时间较短，通过考试相对容易。

表6-10 持证人员考证花费时间情况

备考花费时间	CPA（%）	ACCA（%）	会计资格证书（%）			CMA（%）
			初级	中级	高级	
1个月以内	0.00	0.00	58.71	24.35	28.89	4.55
1~3个月	14.46	0.00	30.97	34.78	28.89	36.36
3~6个月	25.30	0.00	7.10	22.61	33.33	40.91
6~12个月	22.89	10.00	0.65	9.57	4.44	13.64
1年以上	37.35	90.00	2.58	8.70	4.44	4.55

续表

备考花费时间	CPA （%）	ACCA （%）	会计资格证书（%）			CMA （%）
			初级	中级	高级	
本题有效填写量（人次）	83	10	155	115	45	22
EXP（月）	10.21	17.10	1.75	4.26	3.42	4.64

注：EXP 代表数学期望，按照区间的中位数进行估计，1 年以上统一取 18 个月。

（七）备考人员备考中遇到的困难情况

为清楚反映备考人员在备考中遇到过的困难，为会计证书改革献计献策，本部分用多选题的形式对受访人员做了调查。表 6-11 的数据表明，对于 ACCA 和 CMA 考试而言，分别有 27.59% 和 33.33% 的考生会因为资金问题而担忧，远大于 CPA、会计职称等国内考试；对于各种会计类证书考试而言，备考人群中只有很少比例的考生复习备考目前一帆风顺，时间冲突成为考生在备考中遇到的最棘手的问题，其次是备考心态、自学能力不足等问题。这说明由于平日的学习压力或者工作压力较大，复习时间匮乏成为会计人员考证途中最大的阻力。会计证书的互认互免很好地解决了备考人员备考中的时间耗费问题，在一定程度上也避免了人才的重复评价，节约了社会资源。

表 6-11 备考人员备考中遇到的困难情况

备考难易程度	CPA （%）	ACCA （%）	会计资格证书			CMA （%）
			初级	中级	高级	
时间冲突	77.42	75.86	50.00	71.43	78.57	66.67
备考心态	52.42	31.03	28.57	46.43	28.57	50.00
资金	7.26	27.59	7.14	7.14	10.71	33.33
考证前了解不足，深入学习后难以坚持	22.58	13.79	17.86	17.86	21.43	33.33
周围人的负面影响	10.08	3.45	10.71	3.57	3.57	8.33
自学能力不足	31.05	20.69	42.86	32.14	21.43	41.67
目前一帆风顺	8.87	6.90	17.86	7.14	10.71	8.33
其他	3.23	0.00	0.00	0.00	3.57	0.00
本题有效填写量（人次）	248	29	28	28	28	12

第二节　受访人员对会计证书的互认互免意愿

一、受访人员对会计证书的互认互免意愿程度

本部分直入主题，调查了会计人员对于会计类证书互认互免的意愿程度，通过表6-12可以看出，接近90%的受访人员都赞同会计证书间的互认互免，更有59.91%的受访者非常赞同证书间的互认互免，仅有6.15%的受访者不赞同或者非常不赞同会计证书间的互认互免（见表6-12）。

表6-12　受访人员对会计证书的互认互免赞同程度情况

选项	小计	占比（%）
非常赞同	263	59.91
赞同	132	30.07
不赞同	25	5.69
非常不赞同	2	0.46
不确定	17	3.87
本题有效填写量（人次）	439	

为进一步了解对会计证书互认互免持否定态度的受访人员想法，笔者对这部分人员进行了专访，发现不赞同的受访人员60%来自会计专业的学生，35%来自已经持有多本会计类证书的受访人员。前者学生这一群体的人员学习能力强，学习时间多，并且渴望通过参加不同类型的考试来收获更多的知识。在他们眼中，每个考试都有其独特的目标定位、独立的考试体系和不尽相同的考察范围，多参加不同类型考试可以扩充他们的知识体系。后者已经持有多证的会计人员，作为既得利益者，已经辛辛苦苦考了很多门证书，自然不愿意证书间互认互免。这两类人群都属于特殊人群，站在社会整体福利的角度看，会计间证书的互认互免仍受到绝大部分人的认可和期待。

二、受访人员对会计证书互认互免的具体期望

为深入了解受访人员期待会计证书互认互免的具体方向，本部分调查了受访人员比较期待会计类证书的互认互免类型，是选择国内证书之间还是国内证书与国外证书之间，抑或是两者都期待。表 6-13 中的数据显示，多达 52.39% 的受访人员期待两种类型都互认；35.31% 的受访人员仅期待国内证书之间的互认互免；剩余的 12.3% 的受访人员赞同国内证书和国外证书之间的互认（见表 6-13）。

表 6-13　受访人员对会计证书互认互免的具体期望情况

选项	小计	占比（%）
国内证书与国内证书之间（如会计职称与注册会计师等）	155	35.31
国内证书与国外证书之间（如注册会计师与 ACCA 等）	54	12.3
两者都期待	230	52.39
本题有效填写量（人次）	439	

三、受访人员期望会计类证书互认互免推行后达到的效果

表 6-14 的数据显示，受访者期望会计证书互认互免是为了缩短拿证时间（68.56%）、减少考试费用（43.74%）、缓解备考压力（56.49%）以及提升已获得证书的含金量（59.91%）。这进一步说明会计人员公认目前的会计证书考试费用以及时间耗费较多，备考压力较大。

表 6-14　受访人员期望会计类证书互认互免推行后达到的效果情况

选项	小计	占比（%）
缩短拿证时间	301	68.56
减少考证费用	192	43.74
获得更多证书	117	26.65
缓解备考压力	248	56.49
提高已获得证书的含金量	263	59.91
其他	5	1.14
本题有效填写量（人次）	439	

四、互认互免意愿程度回归分析

（一）描述性统计

从表6-15对问卷中某些选项的描述性统计分析可以看出，性别的平均值为1.720，说明受访人员中女性较多；年龄的平均值为1.856，说明受访人员中25岁以下较多；受教育程度的平均值为4.535，说明受访人员中本科以上学历较多；工作职务的平均值为2.219，说明受访人员中学生和基层管理人员占比较大；居住所在地的平均值为1.724，说明受访人员中以直辖市为主；对会计证书互认互免的赞同程度平均值为1.583（数值越大，赞同程度越低），说明受访人员中绝大多数人非常赞同会计证书的互认互免。

表6-15　互认互免意愿程度描述性统计分析

描述分析结果——基础指标					
变量	样本量	最小值	最大值	平均值	标准差	中位数
性别	439	1.000	2.000	1.720	0.450	2.000
年龄	439	1.000	4.000	1.856	0.926	2.000
受教育程度	439	2.000	5.000	4.535	0.614	5.000
工作职务	439	1.000	5.000	2.219	1.185	2.000
所在单位所属具体行业	439	-3.000	11.000	3.722	5.469	5.000
所在单位性质	439	-3.000	6.000	0.269	2.744	1.000
个人的月收入	439	-3.000	6.000	0.781	3.036	2.000
居住所在地	439	1.000	6.000	1.724	1.089	1.000
是否赞同互认互免	439	1.000	5.000	1.583	0.922	1.000

（二）相关系数分析

会计类证书互认互免赞同程度和性别之间的相关系数值为0.103，并且呈现出0.05水平的显著性，说明相对于男性来说，女性越不愿意会计证书间的互认互免。会计类证书互认互免赞同程度和受教育程度之间的相关系数值为-0.145，并且呈现出0.01水平的显著性（见表6-16）。这说明受教育程度越高，更愿意会计证书间的互认互免。除此之外，受访人员的年龄、工作职务、所在行业、月收入以及居住所在地对会计证书互认互免的意愿程度并没有显著的相关关系。

表 6-16　互认互免意愿程度描述性统计分析

Pearson 相关	
变量	互认互免赞同程度
性别	0.103 *
年龄	0.029
受教育程度	− 0.145 **
工作职务	− 0.027
所在单位所属具体行业	− 0.028
所在单位性质	− 0.030
个人的月收入	− 0.040
居住所在地	0.015

* $p<0.05$ ** $p<0.01$

（三）Robust 回归分析

本书将"对会计资格考试互认互免的意愿程度"作为因变量，将性别、年龄、受教育程度、工作职务、所在单位所属具体行业、所在单位性质、个人的月收入、居住所在地作为自变量，并进行 Robust 回归分析（且使用 M 估计法）。统计结果显示：性别会对互认互免意愿程度产生显著的正面影响关系，受教育程度和证书互认互免意愿程度时显著的负面影响关系，其他因素和证书互认互免意愿程度并不显著（见表6-17）。

表 6-17　互认互免意愿程度 Robust 分析

变量	回归系数	标准误	t	p	95% CI （LL）	95% CI （UL）
常数	2.039	0.311	6.563	0.000 **	1.430	2.648
性别	0.172	0.066	2.608	0.009 **	0.043	0.302
年龄	0.020	0.049	0.415	0.678	− 0.076	0.117
受教育程度	− 0.181	0.052	− 3.484	0.000 **	− 0.283	− 0.079
工作职务	− 0.011	0.050	− 0.226	0.821	− 0.109	0.087
所在单位所属具体行业	− 0.006	0.013	− 0.427	0.669	− 0.031	0.020

续表

变量	回归系数	标准误	t	p	95% CI （LL）	95% CI （UL）
所在单位性质	0.009	0.022	0.406	0.685	-0.035	0.053
个人的月收入	-0.008	0.024	-0.325	0.745	-0.055	0.039
居住所在地	-0.034	0.030	-1.129	0.259	-0.093	0.025

第三节 互认互免的实施路径

本部分借鉴了国外证书互认互免的实践操作经验，结合中国国内会计证书的现状，以及关于会计证书考取成本的问卷调查结果，总结出可适用的互认互免的业务流程；之后针对具体的会计证书，例如注册会计师、会计职称、税务师资格等，提出具体的互认互免方案设想。

一、互认互免的操作流程

我国的会计证书考试由财政部门或者财政部领导下的协会负责，比如注册会计师考试由财政部负责，税务师资格考试由中国注册税务师协会负责，资产评估师由中国资产评估协会负责，会计职称考试由财政部、人事部联合负责。虽然不同的会计证书考试具体负责机构不同，但这些协会都由财政部统一领导，因此国内会计证书间的互认互免可以在财政部的统一领导下进行，有助于全局统筹证书互认互免工作。本书借鉴了国际上证书互认互免的通行做法，归纳出互认互免的操作流程。

首先，有意向达成会计证书互认互免的两个会计师协会在财政部的牵头下分别成立了专家工作组，其成员一般是会计相关领域的命题专家、学者或者实务专家。其次，专家对双方考试进行全面的评估，评估所有与考试相关的内容，并形成评估报告，评估报告详细比对了两个会计证书间的异同。最后，如果双方认为对方基本上达到互认的标准，就可以相互接洽，着手进行具体互认的安排，并付诸实践；如果双方认为对方基本上达到互免的标准，就在互免协议中约定，协会会员需要补考互免以外的其他课程，才能得到该协会的会员资格；如果双方认为对方尚未完全达到互认互免的标准要求，可以对考试进行改革，不断向互认互免的标准靠拢，等到时机成熟，启动再认证，重复上面的步骤（见图6-3）。

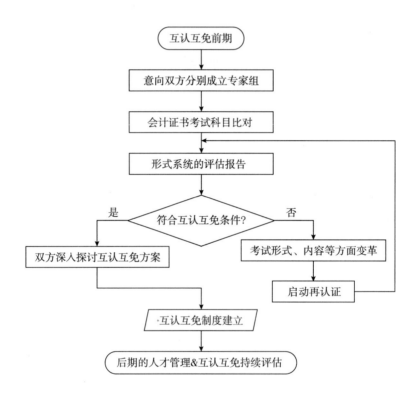

图6-3　会计证书互认互免操作流程

对会计人才和业务的管理也至关重要，互认互免达成后，两个会计师协会需就人才和业务管理事项进行交流与沟通。在业务监管和人员监管方面，会计师协会间需要建立合作备忘录来应对跨境执业，防止协会间推诿扯皮、消极敷衍等行为的发生。例如，会计人员如果被一方会计师组织吊销营业执照，那么在另一方不得安排执业。除此之外，在互认互免后期，两个会计师协会还需要对会计证书考试进行持续评估，并出具评估报告，以评估考试的考察内容、考察范围以及形式是否发生变化，是否仍然满足互认互免的条件和标准，以及上次认证项目提出的改善建议所作的措施实施情况。

二、互认互免评价指标

在会计证书互认互免过程中，如何对不同的会计考试进行评价是互认互免的难点和重点，即综合评价两个会计考试间的相同与不同之处、是否可以互认互免，以及在多大程度上进行互免。本部分借鉴了国外证书互认时的评价项目，构造出具体的评价指标体系，以评价这些考试间的相同与不同之处。笔者认为具体的指标包括但不限：命题专家组构成；考试报名条件及相关免考政策；考试大纲及熟练度要求；考试难度及合格分数线；质量监控机制及流程。下面针对这些指标进行阐述，并根据考虑的因素设计出相应的评价表格。

（一）命题专家组构成

命题专家组是由会计师协会领导的一支专业队伍，专家组成员是各协会聘请的会计领域骨干，肩负着繁重的命题任务。命题专家组的资历深浅及研究领域直接影响着会计证书考试的命题方向，同时决定着考题质量，即考试成绩能否真实反映出考生的能力水平。在考虑这一指标时，主要考虑以下因素：

（1）专家组成员人数及其专业资格；

（2）专家组成员教学经验情况；

（3）专家组成员的职称、全职与兼职情况；

（4）专家组成员研究领域及成果；

（5）专家组成员命题年限（见表6-18）。

表6-18　命题专家组成员及构成评价

第一部分　命题专家组成员及构成		附件
1.1	命题专家组成员情况	
	请填写命题专家组成员情况报表及命题专家组成员情况报表学历及专业资格统计表	
1.2	命题专家组成员人数	
1.3	新加入该命题团队的专家人数	
	离开不再担任命题工作的专家人数	

续表

第一部分　命题专家组成员及构成		附件
1.4	对命题专家组成员的相关培训	
	在过去一年是否出现重大的改变? □是　□否	

（二）考试报名条件及相关免考政策

会计证书考试的报名条件相当于考试的门槛，只有达到一定的标准才有资格参加会计证书考试，因为这一硬性指标在一定程度上反映了学生的智力水平和学习认知能力。由于不同的会计证书考试的考试任务和面向的考生层次不尽相同，因此报考条件也有一定的差异。在证书互认互免过程中，需要考虑报考条件的区别。除此之外，还需要考虑与会计证书考试相关的免考政策，以确保双方对这一免考政策都予以认可。在评估时，主要考虑以下因素：

（1）报名最低学历要求；

（2）报名时有无专业限制；

（3）报名时有无工作年限要求；

（4）报名时有无民事行为能力限制；

（5）违纪有无禁考规定；

（6）特定人群有无豁免考试规定（见表6-19）。

表6-19　考试报名条件及相关免考政策评价

第二部分　考试报名条件及相关免考政策		附件
2.1	考试报名条件	
	最低学历要求	
	有无专业限制	
	有无工作年限要求	
	对民事行为能力有无要求	
	违纪禁考规定	

续表

第二部分　考试报名条件及相关免考政策		附件
	其他要求	
2.2	现有的科目豁免政策	
	在过去一年是否出现重大的改变? □是　□否	

（三）考试大纲及熟练度要求

在国内，不同的会计资格考试对考生的考点要求不同，而且要求程度也差别较大。会计证书互认互免过程中，最本质的差别就是考试大纲以及所要求的熟练度的差别。会计师组织对会计证书考试评估时，主要从以下方面进行评估：

（1）该门会计证书考试的考核目标；

（2）会计证书考试的卷面形式及题型分布（开卷与否、客主观题占比、单选多选题分布、计算题与案例分析题分布等）；

（3）会计证书考试的大纲范围及对应的熟练度大小（见表6-20）。

表6-20　考试大纲及熟练度要求评价

第三部分　考试大纲及熟练度要求		附件
3.1	科目考核目标	
3.2	考试的卷面形式（开卷与否）	
3.3	考试的题型分布	
	单选题占比	
	多选题占比	
	判断题占比	
	案例分析题占比	
	综合题占比	
3.4	考试大纲及其对应熟练度	有

续表

第三部分　考试大纲及熟练度要求	附件
以表格形式列示考试大纲，同时用数字量化所要求掌握的熟练度	
在过去一年是否出现重大的改变？ □是　□否	

（四）考试难度及合格分数线

在会计证书互认互免过程中，对于考试难度的评价是很必要和关键的，相同的考试大纲但是难度不同，证书的含金量也千差万别，因此考试难度也影响互认互免的质量和效果。在衡量考试难度时，可以用单科考试的优秀人数以及及格人数比例来量化比对。除此之外，还可以通过对考生的问卷调查来定性分析。

考试分数在一定程度上代表着考生对知识点的掌握和理解程度，考试的合格分数线代表着获取证书的最低标准。在我国的各种考试中，合格分数线一般是60分（百分制），而国外的证书考试标准一般是50分。在某些考试中，还会对特定部分的分数线有所规定。不同的会计证书考试中对考生的要求不尽相同，因此在会计证书互认互免时，分数线也应作为一项评价指标（见表6-21）。

表6-21　考试难度及合格分数线评价

	第四部分　考试难度及合格分数线	附件
4.1	考试难度	
	及格人数占比	
	优秀人数占比	
	若有补充，请使用以下空格或附上新的附件说明详情	
4.2	考试合格分数线	
	有无单科分数线限制	
	分数线	
	在过去一年是否出现重大的改变？ □是　□否	

（五）质量监控机制及流程

建立健全有文件记录的质量保证政策和程序对于考试能够真实反映出考生水平至关重要，质量控制贯穿整个考试，既包括考前试题保密和考中的巡考监考，又包括考后试题管理和评分机制。在会计证书互认互免中，考虑以下因素：

（1）质量保证机制方案（内部和外部）；

（2）考试的设置和布置、阅卷流程及对分数异议的处理；

（3）试题的保管及归档；

（4）是否有第三方机构公正，并提供独立意见（见表6-22）。

表 6-22 质量监控机制及流程评价

	第五部分 质量监控机制及流程	附件
5.1	质量监控机制及步骤（例如详细政策及监察、评估方法等文档）	
	在过去一年是否出现重大的改变？ □是 □否	
5.2	是否有第三方机构，提供独立意见	
5.3	考卷设置、评分及阅卷机制	
	在过去一年是否出现重大的改变？ □是 □否	

第四节 会计考试证书的比较

笔者作为考生亲自参加过很多会计类考试证书，最直观的感受就是考察的知识点重复太多，比如备考注册会计师的会计教材足以备战税务师资格考试的财务与会计科目，备考注册会计师的会计和财务管理足以备考中级资格考试。笔者在与高校会计专业学生交流中发现，大部分同学备战会计证书考试时均有相似的体验，认为会计证书考试考察的知识点万变不离其宗，从定性的角度看，会计证书考察知识点的确重复度较高。本部分主要针对国内会计证书中报考人数最多的注册会计师、会计职称考试、税务师资格考试三门考试，比较其考试大纲异同，并给出自己关于互认互免的看法和建议。

一、注册会计师考试和中级会计职称考试比较

（一）注册会计师考试简介

注册会计师考试的发展过程就是注册会计师全国统一考试制度从无到有、逐步改进、不断完善的过程。主要分为建立阶段、发展阶段和完善阶段。

1. 建立阶段（1991~1995 年）

1991 年，《注册会计师全国第一次考试、考核办法》《注册会计师考试命题原则》《注册会计师全国第一次统一考试工作规则》先后发布，初步形成了包括考试报名条件、考试科目、考试范围、试题结构等内容的考试基本制度以及考试组织管理制度。同年 12 月 7~8 日，我国举办了第一届注册会计师全国统一考试，共有 2.3 万余人参加，472 人取得全科合格成绩。首届注册会计师考试的顺利举行，拉开了"史上最难最严"会计考试发展的序幕，标志着注册会计师考试制度在我国的正式确立，开启了会计考试的规范化发展时代。

1993 年 10 月 31 日，第八届全国人民代表大会常务委员会第四次会议审议通过《注册会计师法》，并于 1994 年 1 月 1 日起施行。《注册会计师法》以法律形式赋予了中国注册会计师协会（以下简称"中注协"）组织实施考试的职能，明确了考试报名条件、豁免条件，不再实施考核制度，考试成为取得注册会计师资格的唯一途径。

2. 发展阶段（1995~2008 年）

1995 年以前，注册会计师全国统一考试科目分为会计、审计、财务管理和经济法 4 科，其中经济法科目的考试内容包括"税务法规"和"其他财政经济法规"。随着我国经济体制改革的进一步深化，许多改革措施陆续出台，为适应

这一形势的需要，从 1995 年起，经济法科目分为经济法和税法 2 个科目，考试科目相应由 4 科变为 5 科。

在注册会计师考试制度发展过程中，中注协重视借鉴其他国家和地区会计职业组织的考试工作经验，充分关注国际上注册会计师考试制度的发展变化，努力实现中国注册会计师考试模式与国际普遍认可的考试模式相趋同。

与此同时，中注协不断推动和扩大考试对外开放的进程，推动中国注册会计师考试国际化发展。1994~2010 年，先后在中国香港、比利时布鲁塞尔、中国澳门设立考场考区。此外，还积极开展与其他会计职业组织的考试互惠研究和磋商工作，2005 年 5 月 19 日，与中国香港会计师公会签订《内地与香港注册会计师部分考试科目相互豁免实施协议》。2008 年 1 月 9 日，与英格兰及威尔士特许会计师协会签订《部分考试科目互免协议》，实现了部分考试科目的互免。

3. 完善阶段（2009 年至今）

2009 年，为适应经济全球化及提升注册会计师胜任能力的新要求，经财政部注册会计师考试委员会批准，中注协制定发布了《注册会计师考试制度改革方案》，系统提出了考试制度进一步改革的指导思想、总体目标和主要内容，推动注册会计师考试不断走向完善。

2009 年 3 月 23 日，财政部发布部长令，修订《注册会计师全国统一考试办法》，重点对考试层级划分、考试科目设置、成绩有效期限等内容进行了修订。在原有考试制度规定的 5 个科目基础上进行分拆、补充和整合，明确将原有单一阶段的考试调整为专业阶段和综合阶段，专业阶段设会计、审计、财务成本管理、公司战略与风险管理、经济法、税法 6 科，综合阶段设职业能力综合测试 1 科，这就形成了现行注册会计师考试模式。

2014 年 4 月 23 日，财政部再次修订《注册会计师全国统一考试办法》，重点对考试方式、综合阶段考试期限等内容进行修订，确立了机考的考试方式，取消了综合阶段考试期限等规定，实现了注册会计师考试组织管理制度的重大改革。

近两年，以简化流程、服务考生为原则，中注协在考试组织管理方面推进多项适应性举措，为考生报名和应考提供便利。2014 年，取消了应届毕业生第二次报考现场资格审核，考试成绩复核由现场申请改为网上申请。2015 年，取消了对首次报名人员和应届毕业生报名人员的现场资格审核程序，实行"一站式"报名，实现绝大部分报名人员足不出户，即可通过网上报名系统自主完成报名。

会计职称考试分为初级、中级和高级，鉴于实务中初级会计职称证书较为简单，高级会计职称考试涉及的考题与实践结合较为紧密，试题较为综合，因此在目前的考试体制下，达成互认互免较为困难。本部分主要分析中级会计职称和与注册会计师证书的互认互免。下文将从报名条件、考试大纲及内容等方面对比注册会计师考试和中级会计职称考试。

（二）报考条件对比分析

从表6-23可以看出，在报名条件方面，注册会计师考试和中级会计职称考试在工作年限和免考政策方面差异较大。对于CICPA来说，考生高等专科以上学校毕业就可以报名参加专业阶段考试，而中级会计职称，对工作年限的具体要求是：①取得大学专科学历，从事会计工作满5年；②取得大学本科学历，从事会计工作满4年；③取得双学士学位或研究生毕业，从事会计工作满2年；④取得硕士学位，从事会计工作满1年；⑤取得博士学位。笔者认为，工作年限对于两者达成互认互免的影响较小，工作年限只是对考生何时可以参加考试有所限制，两者可以在互认互免协议中附加条款，即取得CICPA资格的考生在满足一定的工作年限后才能与中级会计职称互认互免。除此之外，在免考政策方面，目前CICPA已经和HKICPA达成了互认互免协议，即HKICPA持证人员可豁免CICPA考试的"会计""审计""财务成本管理"和"公司战略与风险管理"四个科目，而中级会计职称并没有相关的免考政策。笔者认为，免考政策不会对两者互认互免有所影响，因为CICPA考试难度相对更大、权威性更高、免考标准更为严苛。

表6-23　注册会计师考试和中级职称考试报名条件对比

	注册会计师考试	中级会计职称
最低学历要求	高等专科以上学校毕业学历	高等专科以上学校毕业学历
专业要求	无要求	无要求
工作年限要求	无要求	根据学历高低有0~5年的工作年限限制
民事能力情况	完全民事行为能力	完全民事行为能力

续表

	注册会计师考试	中级会计职称
违纪禁考规定	被吊销注册会计师证书，自处罚决定之日起至申请报名之日止不满 5 年者；以前年度参加注册会计师全国统一考试因违规而受到禁考处理期限未满者	无明确的禁考规定，但考生须认真执行《中华人民共和国会计法》和国家统一的会计制度以及有关财经法律、法规、规章制度，无严重违反财经纪律的行为
相关免考政策	与 HKICPA 有互认互免政策	无互认互免政策

（三）考试大纲及试题对比分析

中级会计职称考试由中级会计实务、中级经济法和财务管理构成；注册会计师考试由会计、审计、税法、经济法、财务管理和公司战略与风险管理六门组成。不难发现，两者在考试科目上基本一致。通过对相关人员采访发现，会计领域的很多专家同时负责注册会计师考试与中级会计职称考试的出题工作，这说明两者在命题方向和试题特点上也有诸多相似之处。

从表 6-24 可以看出，中级会计职称考试和注册会计师考试在题型方面基本相似，区别在于中级会计职称中有判断题和简答题，无形中降低了考试难度，而注册会计师考试中没有。在及格分数线方面，两个考试都是 60 分及格，对考生的要求较为一致。

表 6-24　2019 年中级会计职称考试和注册会计师考试题型对比　　单位：%

考试名称	科目	单选题	多选题	判断题	简答题	计算分析题	综合题
中级会计职称	中级会计实务	15	20	10		22	33
	财务管理	25	20	10		20	25
	经济法	30	30	10	18		12
注册会计师考试	会计	24	20			20	36
	财务管理	21	24			50	15
	经济法	24	21				55

在质量控制方面，中级会计职称考试和注册会计师考试都有着严格的质量保证机制。考前，对试题进行绝密管理；考试过程中，对考场的布置、考生人数以及监考安排都极为严苛；考试后，统一实行网上阅卷，做到公平公正，同时对分

数有异议的考生，都可以通过提交申请材料的方式提出。两个考试对严重和特别严重违纪违规应试人员都会处罚，并记入相应的考试诚信档案库。因此，在质量控制方面，两个考试也较为相似。

为了真实反映两者考察内容的一致程度，笔者在官网上找到相应 2019 年的考试大纲，并进行对比分析，分析结果如图 6-4 所示。

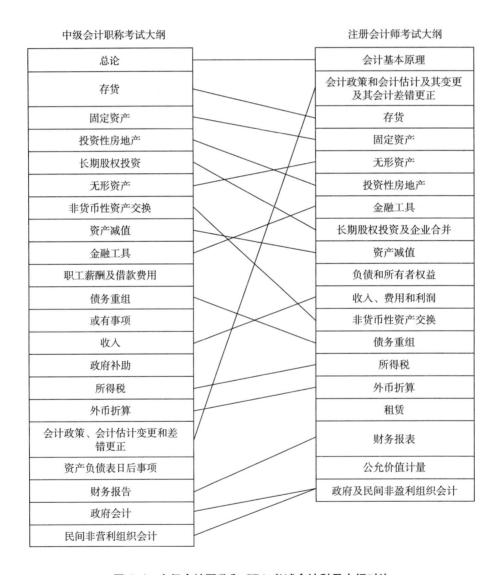

图 6-4 中级会计职称和 CPA 考试会计科目大纲对比

从图 6-4 不难发现，中级会计实务考试大纲中多达 18 章的大标题与 CPA 会计科目的考试大纲一模一样，而剩余的职工薪酬及借款费用、或有事项、资产负债表日后事项这三章内容都在注册会计师考试大纲里面作为小节而存在，比如职工薪酬及借款费用和或有事项包括在注册会计师考试大纲资产、负债和所有者权益这一章节中；资产负债表日后事项包括在财务报表章节中。因此注册会计师的考试大纲完全包括中级会计职称考试的内容，而反过来注册会计师里面的考点并没有包括在中级会计职称考试大纲中，比如公允价值计量、租赁。

从表 6-25 可以发现：中级经济法考试大纲比 CPA 经济法多了一些经济仲裁与诉讼预算法、知识产权法、政府采购法、增值税法和所得税法等法律知识，但是大纲涉及的经济仲裁与诉讼预算法、知识产权法、政府采购法相关内容较为简单，而增值税法和所得税法在 CPA 考试税法科目中有详细的讲解；反过来，CPA 经济法比中级经济法考试大纲多了反垄断法律制度、涉外经济法律制度等商法以及基本民事法律制度、物权法律制度等民法内容。

表 6-25 2019 年中级会计职称和 CPA 考试经济法科目大纲对比

中级会计职称	CPA
经济法概述	法律基本概念
法律行为与代理	法律关系
经济仲裁与诉讼	中国特色社会主义法治理论
公司法律制度	市场经济的法律调整与经济法律制度
个人独资企业法律制度	物权法律制度
合伙企业法律制度	合同法律制度
证券法律制度	合伙企业法律制度
保险法律制度	公司法律制度
票据法律制度	证券法律制度
合同法律制度	企业破产法律制度
增值税法律制度	票据与支付结算法律制度
企业所得税法律制度	企业国有资产法律制度
预算法	反垄断法律制度
国有资产管理法律制度	涉外经济法律制度
知识产权法律制度	
政府采购法律制度	

用同样的方法分析了中级会计资格考试财务管理科目和 CPA 财务管理科目，结果如表 6-26 所示，不难发现，中级财务管理考试大纲在 CPA 财务管理考试大纲中都能找到，CPA 比中级财务管理多了一些债券估值、股权估值等金融知识以及管理用财务报表的编制等方面的知识。

表 6-26　2019 年中级会计职称和 CPA 考试财务管理科目大纲对比

中级会计职称	CPA
总论	财务管理基础
财务管理基础	长期投资决策
预算管理	长期筹资决策
筹资管理（上）	营运资本管理
筹资管理（下）	成本计算
投资管理	本量利分析
营运资金管理	短期经营决策
成本管理	全面预算
收入与分配管理	责任会计
财务分析与评价	业绩评价
	管理会计报告

通过对中级会计职称考试和注册会计师考试报名条件、命题专家组构成、质量控制以及考试大纲的定性分析，初步判断中级会计职称考试和注册会计师考试能够达到会计证书互认互免的条件。尽管通过章节标题对比，可以发现中级会计职称考试与注册会计师考试有诸多相似之处，但具体到某个章节的内容，定性方法显然不能很好地满足要求。

为量化探究各大会计证书的考查知识点，借助 Python 3.7 编程，通过 NPL 自然语言处理技术对比了各个考试的考试大纲。简单地讲，NPL 技术处理文本相似度的原理，通过将文档分成一个个的词组，然后将词组转换为稀疏向量，再利用余弦定理计算该相似度，取值区间在 [-1，1]。在计算各个会计类资格考试大纲的相似度时，笔者利用了 Python 中的 jieba、sklearn 模块，首先通过 jieba 中 jie-ba. cut 分词组件对要对比的两份考试大纲进行分词，再利用 jieba. analyse. extract_tags 基于 TF-IDF 算法提取其中的关键标签，之后通过 One-hot 对这些关键标签编码，最终通过 sklearn. metrics. pairwise 机器学习包中的 cosine_ similarity 组件来计算余弦相似值，该结果将作为两科考试的重复度。笔者认为，由于考试大纲大部分涉及的是会计专业术语，这种通过标签的方法是可行的，具体的代码见附件 B。运行的结果如表 6-27 所示。

表 6-27　CPA 和中级会计职称考试大纲相似度情况（Python 法）　单位：%

CPA 考试大纲	中级会计职称考试大纲	相似度
财务管理	财务管理	46.00
会计	中级会计实务	59.75
经济法	中级经济法	39.00

为检验 Python 代码的适当性和验证相似度计算的相对准确性，笔者借助专业查重软件，利用"PP 两篇文章对比检测查重助手 3.0"软件对考试大纲重新查重比对，分析结果如表 6-28 所示。

表 6-28　CPA 和中级会计职称考试大纲相似度情况（PP 查重助手法）单位：%

CPA 考试大纲	中级会计职称考试大纲	相似度
财务管理	财务管理	46.50
会计	中级会计实务	63.90
经济法	中级经济法	44.10

通过表 6-27 和表 6-28 可以看出，不管是什么方法，中级会计职称考试科目与注册会计师考试相应科目考试大纲相似度基本在 40% 以上，本书借鉴中央财经大学硕士研究生学位论文学术不端检测办法，即检测文字复制百分比超过 30% 的学位论文，视为严重抄袭，并且不能通过检测。因此会计证书不同考试的大纲相似度达 40% 以上，可视为"严重雷同"，说明这些会计证书考查知识点重复度极高。

以上两种方法计算出的相似度数值均低于实际水平。因 Python NPL 自然语言编程和文本比对软件仅通过文字对比确定相似度，对文字描述完全一致性的要求较高，然而在汉语体系中，同一个语义可由多种不同的文字方式进行描述。对于考试大纲，即便不同证书考察相同的知识点，对该考察点的文字描述也可能存在差异，这些差异导致 Python NPL 自然语言编程和文本比对软件未将实质上相同的考察点归类为文字检测上相同的考察点，从而使检测到的大纲相似度水平偏低。

在考试难度方面，通过前文的问卷调查显示，注册会计师所需备考时间更长，难度更大。通过上述的分析，笔者设想注册会计师考试与中级会计师考试至少可以达成单方面的互认，即 CPA 专业阶段合格者在满足工作年限要求可以直接获取中级会计职称证书。进一步地，中级会计职称证书持证人加试一部分内容，即可免考注册会计师考试的财务管理、经济法和会计科目。

二、注册会计师和税务师资格考试比较

（一）税务师资格考试简介

1. 注册税务师执业资格考试时期（1998~2014 年）

1996 年人事部、国家税务总局联合颁布的《注册税务师资格制度暂行规定》和 1999 年下发的《注册税务师执业资格考试实施办法》，标志着我国注册税务师考试制度的正式建立。《注册税务师资格制度暂行规定》中规定：其一，国家对税务代理专业实行执业准入控制，只有取得注册税务师执业资格证书并注册的人员才能从事税务代理活动。其二，必须通过国家统一组织的考试才能取得注册税务师执业资格。同时根据规定，该考试相关工作由人事部和国家税务总局共同负责，具体分工是：日常的管理工作由国家税务总局注册税务师管理中心负责，具体考务工作委托人事部考试中心组织实施。

注册税务师考试科目包括税法（一）、税法（二）、税务代理实务、税收相关法律和财务与会计 5 个科目。除享受考试优惠政策的人员必须在一个考试年度内通过 2 个考试科目外，对参加全部 5 个科目考试的人员规定了考试周期。考生必须在连续的 3 个考试年度内（即第一年至第三年为一个周期，第二年至第四年为一个周期，依此类推）内通过全部 5 个科目的考试。

1998 年，为了完成由执业税务师向注册税务师的过渡，举行了一次资格认定考试。1999~2014 年，共举行了 16 次考试，据有关数据统计，1999~2005 年，全国进行了 7 次统一考试，累计报名达 2152849 科次，截至 2005 年，我国通过

考试取得注册税务师资格的人数已达 66849 人。

2. 税务师职业资格考试时期（2015 年至今）

2014 年 8 月 12 日，国务院发布《关于取消和调整一批行政审批项目等事项的决定》（国发〔2014〕27 号），明确取消注册税务师执业资格许可。2015 年 11 月，根据人力资源和社会保障部、国家税务总局印发的《税务师职业资格制度暂行规定》和《税务师职业资格考试实施办法》（人社部发〔2015〕90 号）获悉，人力资源和社会保障部、国家税务总局共同负责税务师职业资格制度的政策制定，并按职责分工对税务师职业资格制度的实施进行指导、监督和检查。全国税务师行业协会具体承担税务师职业资格考试的评价与管理工作。全国注册税务师执业资格考试更名为全国税务师职业资格考试，考试科目仍为 5 科，但考试科目更名为：税法Ⅰ、税法Ⅱ、财务与会计、涉税服务相关法律、涉税服务实务。

（二）报考条件对比分析

通过表 6-29 可以发现，在报名条件的硬指标上，注册会计师考试和中级会计职称考试很相近。中级会计职称对学历的规定是：①取得经济学、法学、管理学学科门类大学专科学历，从事经济、法律相关工作满 2 年；或者取得其他学科门类大学专科学历，从事经济、法律相关工作满 3 年。②取得经济学、法学、管理学学科门类大学本科及以上学历（学位）；或者取得其他学科门类大学本科学历，从事经济、法律相关工作满 1 年。笔者认为，该规定对考生的报名资格没有实质性影响。除此之外，在考试形式、质量控制机制和题型设置等方面类似于注册会计师考试和中级会计职称考试，且较为接近，差异相对较大的是考试大纲及其熟练度掌握方面。

表 6-29　注册会计师考试和税务师资格考试报名条件对比

	注册会计师考试	税务师资格考试
最低学历要求	高等专科以上学校毕业学历	高等专科以上学校毕业学历
专业要求	无要求	无要求
工作年限要求	无要求	根据专业和学历高低有 0~3 年的工作年限限制
民事能力情况	完全民事行为能力	完全民事行为能力

续表

	注册会计师考试	税务师资格考试
违纪禁考规定	被吊销注册会计师证书，自处罚决定之日起至申请报名之日止不满5年者；以前年度参加注册会计师全国统一考试因违规而受到禁考处理期限未满者	以前年度考试中因违规违纪而受到禁考处理期限未满者，不得报名
相关免考政策	与HKICPA有互认互免政策	与高级专业技术职称有免考政策

（三）考试大纲及试题对比分析

注册会计师考试由会计、审计、税法、经济法、财务管理和公司战略与风险管理六门组成；税务师资格考试由税法Ⅰ、税法Ⅱ、涉税服务实务、财务与会计、涉税服务相关法律五门组成。笔者参考上文对比注册会计师与中级会计职称考试大纲的办法进行比对。

税务师资格考试税法Ⅰ和税法Ⅱ考试大纲内容加起来和CPA中税法考试基本相同，涵盖了增值税、消费税、个人所得税、企业所得税以及其他小税种等所有与税种相关的知识。税务师资格考试财务与会计科目分为上篇的财务部分及下篇的会计部分，上篇的财务部分基本上和CPA财务管理考试相同，而下篇的会计部分比CPA会计考试多了企业破产清算会计的具体内容，CPA会计考试比税务师资格考试会计部分多了公允价值计量、政府与民间非营利组织会计、非货币性资产交换、债务重组等内容。税务资格考试涉税服务实务和涉税服务相关法律与注册会计师相应科目相比差异较大，因为税务师资格考试保留了原注册税务师证书要求从事税务代理活动的专业技术人员必须掌握的知识，具体包括《行政法》《行政许可法》《行政处罚法》《税收征管法》等程序法，部分与税务相关的《刑法》、《监察法》等实体法，以及税务登记、税务代理、代理记账等相关涉税服务，这些内容为税务师资格考试特有，在注册会计师考试中并未涉及。

相似地，借助Python语句和"PP两篇文章对比检测查重助手3.0"软件对税务资格考试大纲与注册会计师对应科目进行比对，对比结果如表6-30所示。

通过对比可以发现，税务师资格考试中税法Ⅰ和税法Ⅱ考试和注册会计师相似度在40%左右，相似度较高；财务与会计与CPA考试财务管理和会计科目考试大纲相似度也接近40%，相似度也较高；而税务师资格考试剩余的两门涉税服务相关法律和涉税服务实务与注册会计师考试大纲相似度较低，仅为 20% 左右，可能由于税务师资格考试会涉及需要税务实务方面的专业知识，而注册会计师考试中并不涉及。

表 6-30　CPA 和税务师资格考试大纲相似度情况　　　　　单位：%

CPA 大纲	税务师资格考试大纲	相似度	
		Python 方法	PP 查重助手 3.0
税法	税法 I	51.50	37.20
税法	税法 II	55.50	38.00
会计+财务管理	财务与会计	50.00	34.80
税法	涉税服务实务	37.00	24.70
经济法	涉税服务相关法律	28.00	16.40

通过以上分析，税务师资格考试至少在税法 I、税法 II 和财务与会计科目上与注册会计师考试达成互免，即通过 CPA 专业阶段考试的可以免考税务师资格考试中的税法 I、税法 II 及财务与会计科目。

目前会计证书种类较多，除中级会计职称考试和税务师资格考试以外还有审计专业技术职称考试、资产评估师考试等。注册会计师作为会计证书中难度最高、通过率最低、认可程度最高的会计类证书，应当作为互认互免体制下的媒介，积极推进与其他会计证书的互认或互免政策。在推进国内会计类证书间互认互免的同时，随着中国会计准则的逐步趋同，还应当尝试探索注册会计师证书与国外会计证书的互认互免，这一方面是我国"走出去"战略在会计人才方面的实施，另一方面也扩大了我国会计证书的国际化程度和认可程度。

第七章　研究的政策建议

第一节　关注新生代考生特点

我们必须注意到，新生代人群的品牌意识有日渐减弱的趋势，随着物质生活的日渐丰富，"80""90""00"后新生人群的视野日渐开阔，他们呈现出比上一辈人更加理性的思维方式，品牌意识在逐渐淡化，相比强大的品牌，他们越来越关注口碑和真实效用。

因此，会计资格考试不能依靠多年在国内的超强知名度就放松了警惕，必须不断改革、不断提升，使得考试能够适应新的人群和新的时代，否则，这群权威感低、品牌意识薄弱的新生代人群将毫不犹豫地抛弃这个会计行业的"大品牌"资格考试。

新生代人群体现出强烈的个性发展和自我意识，会计资格考试体系在改革的同时不仅要能够为企业选出合格的会计人才，更要重视对个人能力的提升，切实考虑考生个人职业生涯的提升需求来设计学习体系、考试内容。

面对新生代人群信息化的学习途径和碎片化的学习方式，一方面，会计资格考试要进一步完善信息技术体系，增强网络化程度；另一方面，在会计资格考试的宣传途径上也应该着重于移动端网络的宣传，例如尝试与微信、QQ、微博等社交网络平台的合作等，可以全面提升考试在新生代人群中的影响力。

在国际上影响力名列前茅的 ACCA 考试就有一套非常灵活的免考制度，对于中国考生，ACCA 实行的相关专业学位免考如下：会计学本科在校生，完成第二学年课程之后可以免试三门课程（F1~F3）；获得会计学学士学位或硕士学位的考生可以免试 5 门课程（F1~F5）；金融学、财务管理、审计专业学士或硕士学位的考生，享受等同于会计学专业的 5 门免试（F1~F5）；会计学辅修专业毕业生，可以免试 3 门课程（F1~F3）；法律专业毕业生，可以免试 1 门课程（F4）；商务及管理专业毕业生，可以免试 1 门课程（F1）；MPAcc 专业会计硕士毕业生，可以免试 9 门课程（F1~F9），但 F6 必须选修中国税制课程；获得 MBA 学位的毕业生，可以免试 3 门课程（F1~F3）。

并且，适当的免考制度并不会影响证书的含金量，仅以中央财经大学会计学双学位培养方案为例，其专业课程包含了会计学、中级财务会计、高级财务会计、管理会计、成本会计、财务管理等十余门课程，而会计专业的培养方案更是涵盖经济、金融、法学、管理、会计等数十门课程，可见对于完成相关专业学习的考生给予一定的免考制度是十分合理的。设立适当的免考制度不仅可以为考生提供便利，节省社会考试认证资源，同时也可以有效提高会计资格考试的吸引力。

第二节　发挥会计资格考试的推动作用

一、输出考试能力，推广考试经验

经过 20 多年的实践探索，我国会计资格考试已经摸索出会计考试的经验，从会计考试科学研究、考试大纲和考试题目的设计，到计算机考试的组织、考生的后续服务等，形成了一整套会计人才快速培养的流程。时间证明，以国家政府层面组织的会计考试，有利于快速形成考试能力、树立权威公正的考试品牌、吸引广大考生参与并提高会计操作能力。

财政部会计资格评价中心可以开展针对沿线国家有计划、有针对性的多层次会计人才培养。以开放会计考试为手段，输出国内会计考试对人才培养的有益经验，推介我国会计资格考试的经验和做法，不断探索人才测评新方法和新路子，做强、做大、做优会计资格考试品牌。

加强经验推广，树立中国会计资格考试的国际品牌。通过多种渠道、多种途径和多种层面，积极向"一带一路"沿线国家推广我国的会计资格考试，开展国家层面的会计考试机构合作，帮助沿线国家在本国开展类似的会计资格考试，提高本国会计人才的数量和素质。

吸引"一带一路"沿线国家的考生，通过孔子学院等途径，利用网络手段，将中国政府颁发的会计证书推向沿线国家。搭建信息交流平台，开展"一带一路"沿线国家会计环境的讨论，推广在"一带一路"沿线国家开展经济活动的企业会计人员交流经验，打通国内和沿线国家之间的会计信息屏障。吸引境外国家的会计人员参与中国的会计资格考试，将中国的会计考试能力向境外国家输出。

二、引领考试方向

会计专业技术资格制度作为唯一的由我国国家设立的会计从业能力评审制度，其建立的最初目标，就是培养出一批能满足国家大规模经济发展需要的会计技术人才。随着我国改革开放、"引进来，走出去"和"一带一路"等决策部署与大批量资金投入海外，我国会计师事务所、资产评估机构等中介服务机构，也成为中国企业"走出去"践行"一带一路"倡议的重要支撑力量。如何应对复杂多变的国际经济形势，如何与会计前沿领域融合、创新服务形式和内容，如何解决我国高端国际化会计人才缺失的难题，这些都是对新形势下会计人员工作的重大挑战。

在这样的关键时刻，会计职称制度更应积极发挥其为国家社会建设培养优秀人才的作用，加大对会计从业人员再教育，夯实会计基础设施的建设。会计人员不仅要熟练操作日常会计核算流程，而且还要熟悉与会计相关的学科内容，例如审计、经济法、税法、公司战略等，努力打造一个能培养适应国家、社会、企业快速发展新型复合型人才的系统化体系。而在不断提高会计人才的职业素养的同时，也要注意提高其职业道德修养，在面对跨国项目复杂纷乱难以理清的会计核算中，会计人员也应客观公正地反映会计事实，不能伪造虚假数据、违规操纵核算结果，不能违背会计人员职业道德规范中的注意事项，要努力向世界展现我国会计从业人员高超的专业技术与良好的职业操守，进而在国际上打响中国的会计服务品牌，打开国际市场。

另外，我国各地的会计师协会还应注重加强与"一带一路"沿线各国的会计核算经验与信息交流，并借鉴先进的核算经验进一步地完善与发展我国的会计准则体系。同时，还可以借助我国东道主的优势地位同周边各国展开会计方面的技术论坛，并以积极的姿态投入到论坛的学习与交流中去，分享我国会计专业技术制度的成功实践经验。对于那些会计行业发展较为落后的国家和地区，我国的会计师协会还可以派出专家小组前往当地对其进行技术援助，同当地会计师协会协商开设相关课程，帮助当地进行会计基础设施的建设，从而提升我国会计师协会的国际影响力，也能为"一带一路"倡议的推进提供更加有力的国际支持。

第三节　推动会计资格证书的互认工作

应当指出的是，考试客观上加大了劳动力市场的交易成本，"考证热"加重了考生的负担。协调各类资格考试彼此间的相通互认，可以减少考生的考试成本，节约大量的社会资源。同时，国内外证书之间的互认，也可以提高会计资格考试的国际影响力，为中国证书"走出去"奠定坚实基础。

建立证书间互认制度是各类专业资格证书的常用模式，以 ACCA 为例，其互认制度包括：注册会计师 CICPA 持有者（2009 年"6+1"制度前获得），可以免试 5 门课程（F1~F4 和 F6）；注册会计师 CICPA 持有者（2009 年"6+1"制度后获得），可以免试 9 门课程（F1~F9）；美国注册会计师 USCPA 持有者或 4 门考试通过者，可以免试 8 门课程（F1~F6 和 F8~F9）；通过考试并取得两年工作经验后的 CMA 持有者，可以免试 7 门课程（F1~F5 和 F8~F9）；CIA 国际注册内部审计师考试全部通过者，可以免试 3 门课程（F1~F3）。再以 CMA 为例，ACCA 会员报考 CMA 不受学士学位限制，且只需通过 ACCA P4、P5 考试，就可以拿到 CMA 认证，另外 CMA 与 AIA（国际会计师公会）之间也有互认。即使是我国的 CPA 认证也是与 ACA（英国皇家特许会计师）和 HKICPA（香港会计师公会）有互认制度的。参加内地 CPA 全国统一考试并全科合格者申请 HKICPA 时可豁免"财务管理"与"审计和信息管理"，而全科通过香港 HKICPA 考试的合格人员，在报考内地的 CPA 资格证时可豁免"财务管理"与"审计"两门考试科目。且在 2008 年中国注册会计师协会同英格兰及威尔士特许会计师协会（ICAEW）也签署考试互免协议，凡是通过 CPA 全国统一考试并全科合格者可免考会计、鉴证、公司与财务等九门课程。除此之外，CPA 还与英国特许公认会计师（ACCA）、国际会计师（AIA）有类似的考试互免政策。这些考试科目互免政策在一定程度上提高了 CPA 证书对企业管理人员的吸引力，尤其是对那些与国外公司有着业务往来需求的企业人员，而这同时也使得中国 CPA 进一步扩大了国际影响力，获得了更多国际上的认可。再反观会计职称，只有持有高级会计师资格的从业人员可在报考我国 CPA 资格考试时免试一门科目这一互免政策。我国的会计职称制度并没有同国际上其他的会计师组织真正建立起联系。这也从侧面反映了我国会计专业技术资格制度的考评内容并没有真正实现与国际接轨。在这样的情况下，会计职称制度很难获得国际同行业的认可，进而难以提升其含金量与社会认可度。

建立同类专业资格证书互认制度不仅可以减少考生认证成本，还可以借助证书间的互认扩大证书本身的影响力，尤其是国际证书间的互认更有利于提高该证书的国际化程度。我国加入 WTO 以后，经济全球化程度不断加深，国际经济交流已成常态，然而国际上没有我国现行的会计专业技术资格中的会计职称称谓（高级、中级、初级会计师），进行国际交流时，国际会计人士对此称谓难以理解，有碍国际交流。更为尴尬的是，我国境内的很多大型外商独资企业在聘任财务总裁或财务经理时并不认可会计职称，而是认可中国注册会计师资格或境外会计师资格，表明这些企业并不认可我国会计技术资格考试。同类专业资格的国际互认问题若是得不到解决，既影响我国会计资格考试在国家间的权威性，也浪费了社会资源。

所以，在对会计职称考试的科目与内容进行改革、调整的基础上，会计专业技术资格制度应同各国的会计组织建立互认联系。首先，这可使我国会计人员到其他国家从事会计行业，参与更多的跨国金融项目，丰富国际实践经验；其次，可以吸引受认证的外国会计人才来我国就业，可为我国带来国外先进的管理理念与技术指导；再次，可使我国会计职称体系进一步地同国际接轨，完善对专业技术资格的质量保证和规范管理，这些都对提高我国会计专业技术资格的含金量有很大的帮助；最后，通过提升国际上对会计专业技术资格的认可，也从一定程度上反映了国际上对我国会计高等教育制度的认可。

会计资格考试制度的实行对建立规范、公正的会计人才评价和选拔机制，调动广大会计人员学习专业知识的积极性，提高会计人员的业务素质和职业判断能力，加强会计工作，都具有极其重要的现实意义。经过多年的发展，会计资格考试从复杂到简单，考试级别、种类不断简化，报考条件逐渐放开，考试管理不断规范，目前的会计资格考试基本覆盖了企业会计工作各方面的专业知识，有利于会计人员基础知识的完善。但在考试政策不断改革的同时，有些弊端也逐渐显现。当前，会计准则体系的改革加速了我国会计制度与国际接轨的进程，企业所处经济环境以及业务活动的发展变化也相对加快，原有的考试制度在考试科目和考试大纲内容等方面与现有的企业对专业技术人才知识能力需求方面出现了新的差距。会计资格考试制度和评价方式有必要及时地体现与时俱进的发展思路，其改革势在必行。相信在社会各界的共同探讨下，会计资格考试制度改革将朝着更美好的方向发展。

第四节　突出会计资格考试内容的实务特征

针对"会计职称考试需加强或增加哪些方面的考查内容"的建议，我们得到了450条反馈意见。通过"获取关键字"的筛选方式，得出以下关键字，分别是：

"实际（80）内容（51）会计（49）实务（48）增加（43）方面（43）管理（42）工作（35）考试（35）操作（31）理论（25）案例（24）财务（21）理会（19）考察（19）业务（19）加强（18）分析（18）知识（16）职业

（16）应用（15）职业道德（14）道德（14）结合（13）实践（13）相关（12）相结合（10）实用（10）能力（10）考试内容（9）"。

我们进一步地查询了有关的详细信息发现：

（1）关于"实际"，最多的建议是希望考试内容可以更贴近实际、理论联系实际、增加实际案例等，反映出会计资格考试实务性特征要求。

（2）关于"内容"，建议集中在希望考试增加实务内容，同时也提到了增加管理会计、职业道德、财务、信息、战略等建议。我们又以此搜索了"管理会计"关键词，得到20条建议希望增加管理会计的内容；搜索"职业道德"关键词，得到14条希望增加职业道德的内容；搜索"财务管理"关键词，得到4条增加财务管理考试内容的建议；搜索"信息"关键词，得到9条增加信息化考试内容的建议；搜索"战略"关键词，得到6条信息。

（3）关于"会计"，建议集中在增加管理会计、行政事业单位会计、会计职业道德。我们又进一步搜索"行政事业"关键词，得到7条希望增加行政事业单位会计内容的建议。

（4）关于"实务"，主要是增加实务性质考试内容，类同于"实际"。同时搜索"实务"和"实际"关键词，得到127条相关建议，提高会计资格考试的实务性，无疑是考生最大的建议。

（5）关于"增加"，最多的建议还是围绕增加考试的实务性或实操性内容，也有考生建议增加考试次数、案例分析、内部控制、风险等。搜索"次数"关键词，得到5条支持增加考试次数的建议。

（6）关于"管理"，主要集中在增加管理会计、财务管理、预算、绩效、风险等上。

上述6个方面的关键词共313项建议、占总体建议的近70%，对这些关键词的详细分析后可以得到，考生希望会计资格考试改进的方面有：

1. 突出考试的实务性

考试内容要更加贴近实务，考核考生的实操能力，增加实务的案例。研究中设计的题目"您认为现有会计专业技术资格考试内容的主要特点"中，67.37%的受访人员选择了"考试内容偏理论，跟实际工作中的问题相差较大，但还是有所帮助"，只有24.36%的受访人员认为"考试题目很贴近实际工作，基本可以解决实际工作中的问题"。这也从另一方面验证了增加考试实务性的迫切需要。

2. 增加管理会计的考核内容

初级、中级、高级会计师考核管理会计的应用频率如表 7-1 所示。

表 7-1　管理会计的应用频率

类别	很常用	常用	一般	较少	很少	小计
初级会计师	74（17.29%）	89（20.79%）	118（27.57%）	69（16.12%）	78（18.22%）	428
中级会计师	141（26.06%）	159（29.39%）	134（24.77%）	63（11.65%）	44（8.13%）	541
高级会计师	122（31.61%）	115（29.79%）	90（23.32%）	37（9.59%）	22（5.7%）	386

3. 增加信息化的考核内容

初级、中级、高级会计师考核信息化的应用频率如表 7-2 所示。

表 7-2　信息化的应用频率

类别	很常用	常用	一般	较少	很少	小计
初级会计师	111（25.93%）	86（20.09%）	92（21.5%）	68（15.89%）	71（16.59%）	428
中级会计师	145（26.8%）	135（24.95%）	130（24.03%）	70（12.94%）	61（11.28%）	541
高级会计师	108（27.98%）	93（24.09%）	113（29.27%）	44（11.4%）	28（7.25%）	386

4. 增加职业道德的考核内容

初级、中级、高级会计师考核职业道德的应用频率如表 7-3 所示。

表 7-3　职业道德的应用频率

类别	很常用	常用	一般	较少	很少	小计
初级会计师	178（41.59%）	87（20.33%）	92（21.5%）	36（8.41%）	35（8.18%）	428
中级会计师	186（34.38%）	145（26.8%）	123（22.74%）	42（7.76%）	45（8.32%）	541
高级会计师	125（32.38%）	103（26.68%）	103（26.68%）	33（8.55%）	22（5.7%）	386

5. 增加考试次数

问卷中关于"您认为会计职称考试在未来需要改进的方面"的问题，63.27%的受访人员选择了"每年仅组织一次考试，难以满足实际工作需要，可适当增加考试次数"，在所有 5 个选项中排名第一位。

关于"会计职称考试在未来需要改进的方面"的问题，有 101 位受访人员给予了回答，我们统计了这些回答的关键词，得到如下结果：

"考试（30）条件（10）会计（9）难度（9）工作（9）降低（8）报考（8）职称（7）增加（7）限制（6）内容（6）时间（6）要求（5）财务（5）应该（5）提高（5）报名（5）次数（4）成绩（4）年限（4）希望（4）没有（4）人员（4）建议（3）取消（3）电脑（3）管理（3）居住（3）专业（3）理论（3）"。

核心的建议集中在关于考试的报考条件方面，包括降低考试的报名条件要求、取消居住证和工作证明等。

第五节　做好会计资格考试改革事项

一、做大初级

重新定位"初、中、高"资格考试，突出多样化和灵活化。多样化强调考试对国家人才战略的配合深度，突出对"一带一路"倡议的推动、对会计准则国际的响应；灵活化体现为考试形式，可以逐步探索一年多考的机制。为此，应充分挖掘社会对会计考试的需求，加强考试能力的建设。探索通过授权"命题基地"引导社会能力进入考试测试，评价中心做好管理和引导，确立监督和评价的管理地位。

初级考试面向基层会计人员，可以面向大学生，考试内容突出应知应会，考试题目标准化。以入门为目的，突出基础知识，逐步成为基础会计人员的必备资格。目前，初级会计资格考试的报名资格要求中对学历的要求仅为高中毕业及以上，且没有工作年限的要求，使得广大的在校大学生都可以在本科期间就取得初级会计资格证书。这样的规定很好，有了初级会计资格证书作为基础，有了从业资格的他们将有更大的可能考取中高级会计资格证书。从最新的初级考试政策来看，2018 年《初级会计实务》由于教材变动的原因，删除了"长期股权投资、持有至到期投资、可供出售金融资产、投资性房地产"等相关难点内容，增加了第一章会计基础、第七章管理会计概述、第八章政府会计基本准则等基础性相关内容，教材内容本身难度下降，基础性知识较多。2018 年《经济法基础》考试非常注重对基础的考查，客观题中 80%以上属于对基础性内容的考查，出题角度也较为常规，所以题目难度较易。总体来看，与 2017 年考试相比初级会计考试难度有一定的下降。可见"降低门槛"这一步已经在逐步实现。

二、做强中级

将中级考试形成的人才能力，通过代理和网络等方式形成会计能力的输出，包括为境外服务、为境外培养人才等经验。中级资格考试应突出"雪中送炭"式的引导能力，平衡难易程度，突出公平性，提高考试内容的含金量。中级会计资格考试是否可以考虑面向在校大学生开放呢？这一点值得探讨。北京注册会计师协会召开的行业发展战略委员会 2018 年度第二次会议上，就有与会人员建议改革考试制度，探索高校在校生参加专业阶段考试的可行性。要知道，CPA 专业阶段考试报名资格要求是"具有高等专科以上学校毕业学历或者具有会计或者相关专业中级以上技术职称"，既然 CPA 都可以探索，中级会计资格考试是否也应当积极探索高校在校生参加考试的可能性呢？

另外，仅仅是"降低门槛"是不够的，证书的含金量上不去，门槛再低大家也不愿意参与。所以当务之急是改革中高级会计资格考试的内容。随着信息化的发展，财务机器人、财务共享中心等新技术已经发展起来，基础的会计工作将逐渐被简化甚至取代，会计师对于企业的管理职能越发突出，因此，会计资格考试应该要能为企业选拔具有综合管理能力的会计人员，而不仅仅选出具备专业知识的会计人员。中高级会计资格考试内容应该更加注重综合能力的考查，注重管理能力的提升。

作为会计资格考试，尤其是会计师资格（中级）考试，应对报考人员提出较高的要求。作为一名合格的会计师，不仅应该精通会计、财务管理、税法、经济法，还应该熟练掌握经济应用数学、会计电算化、商务英语、管理学等必备的知识，而目前的会计资格考试科目设置过于简单，中级资格仅考三门，初级资格考试仅考两门，这样的考试科目设置与目前注册会计师考试的两阶段课程设置，ACCA 的知识课程、核心课程、技能课程设置共 14 门考试相比，科目太少、难度过低、及格率过高，从而导致会计资格考试的含金量大打折扣。这样的考试设置使得会计资格证书很难作为会计人员能力的体现。

但是难度的提高不能在各级考试中全面提高，而应该设置合理的难度阶梯，既能让更多的人参与到会计资格考试当中来，又能够保证会计资格证书的含金量。这就需要我们降低初级会计资格考试的难度，丰富中高级会计资格考试内容，加强综合能力的考查，总体而言可概括为"降低门槛，加强深度"。

三、突出高级的高端与国际化

在课程设置方面，可以明显地发现会计资格考试同其他职业资格考试之间的差别。会计专业技术资格的考试内容更侧重于会计核算与财务管理方面，考试科目也是几种证书类型中最少的，虽然考试范围也涵盖了企业战略与财务战略、企业投资、内部控制、成本控制等多方面，但就广度与深度而言仍不及其他证书，且缺少了现代企业高管最需要的能够对企业财务报表进行分析，并对其所含内容的真实有效性做出判断能力的考察。反观后四类注册会计师证书（见表 7-4），其考察的覆盖面更广、难度更深，如审计、税法、公司战略等科目的设置更加契合企业对其高管的能力要求，且其报考门槛相对较低，未对其资历履历、从业年限与科研经历做出过多要求，无论之前是否从事与会计相关的职业，凡是具有大专学历以上的成年人均可报考。其潜在的受众群体较高级会计师而言更广。

表 7-4　各类会计资格证书考试科目比较

高级会计师	CPA	ACCA	HKICPA	CPA Australia
	审计	知识课程 F1~F3	财务报告	道德与治理
	财务成本管理	技能课程 F4~F9	企业财务	财务报告
高级会计实务	经济法	职业核心课程 P1~P3	审计和信息管理	战略管理会计
	会计	职业选修课程 P4~P7	税法	全球战略与领导力
	公司战略与风险管理			
	税法			

高级会计师与注册会计师同为会计行业的高端技术人才，其在会计理论、财务管理与法律制度等方面已经积累了相当丰富的工作经验，能对单位重大财务事项进行独立、合理的职业判断。作为企业的中高层管理者，高级会计师的能力不能仅局限于财务问题上，其还应具备对企业的内部控制进行制约与调整，对企业所可能面临的风险与挑战做出合理判断的能力。因此，笔者认为，除设立高级会计实务这样考察解决企业复杂财务问题能力的课程外，还应增加审计与风险管理的有关课程。在面试评审的过程中，也可着重对考生在实际工作中所遇到的企业战略与风险管理问题进行考察。

附录1　房地产行业高管持证情况统计

表1　2017年不同类型会计师的男女人数统计　　　　　单位：人

性别	男	女	总计
中级会计师	14	11	25
高级会计师	21	14	35
注册会计师	25	20	45
总计	60	45	105

表2　2017年不同类型会计师的学历背景人数统计　　　　　单位：人

学历	专科	本科	硕士	博士	总计
中级会计师	2	10	8	2	22
高级会计师	1	7	16	5	29
注册会计师	1	11	18	6	36
总计	4	28	42	13	87

表3　2017年不同类型会计师的各年龄阶段人数统计　　　　　单位：人

年龄	31~35	36~40	41~45	46~50	51~55	56~60	61~65	66~70	总计
中级会计师	2	2	5	6	9	1	0	0	25
高级会计师	0	0	10	9	5	9	0	2	35
注册会计师	2	5	12	13	5	3	4	1	45
总计	4	7	27	28	19	13	4	3	105

表 4 2017 年不同职位高管持有会计资格证书的人数统计　　　　单位：人

职务	董事长	公司董事	独立董事	监事主席	监事	总经理	副总经理	财务主管	董事会秘书
中级会计师	1	3	2	1	11	0	2	4	1
高级会计师	0	7	5	5	9	1	3	7	1
注册会计师	1	6	21	0	6	0	5	10	1
总计	2	16	28	6	26	1	10	21	3

表 5 2010~2017 年持有会计资格证书的高管人数统计　　　　单位：人

年份	2010	2011	2012	2013	2014	2015	2016	2017	总计
初级会计师	0	0	0	0	0	1	0	0	1
中级会计师	18	16	19	22	24	25	25	25	174
高级会计师	23	23	28	25	26	29	30	35	219
注册会计师	24	24	28	26	30	39	40	45	256
总计	65	63	75	73	80	94	95	105	650

表 6 2017 年 A 股 32 家房地产高管与持有会计师职称资格的人数统计

单位：人

公司名称	高管人数	成员						会计师职称人数						
		董事长	董事	独立董事	监事	副总裁	副董事长	初级会计师	中级会计师	高级会计师	注册会计师	CPAA	ACCA	HKICPA
香江控股	17	1	5	3	4	4	0	0	3	0	3	0	0	0
冠城大通	18	1	5	3	2	3	0	0	0	1	2	0	0	0
华业地产	18	1	5	3	2	1	0	0	0	0	1	0	0	0
鲁商置业	16	1	2	2	2	6	0	0	1	3	0	0	0	0
九鼎投资	21	1	4	3	2	2	1	0	0	1	1	0	0	0
宋都股份	14	1	3	3	2	4	0	0	0	1	1	0	0	0
卧龙地产	12	1	5	3	2	2	0	0	0	1	1	0	0	0
中体产业	17	1	3	4	4	3	0	0	0	0	1	0	0	0
天房发展	20	1	6	4	4	4	0	0	1	0	1	0	0	0
世茂股份	17	1	3	4	4	2	1	0	1	0	3	1	0	0
天地源	24	1	6	4	6	5	0	0	2	4	1	0	0	0
匹凸匹	11	1	3	3	2	0	0	0	0	0	3	0	0	0
光明地产	20	2	3	4	2	4	0	0	1	2	0	0	0	0

续表

公司名称	高管人数	成员						会计师职称人数						
		董事长	董事	独立董事	监事	副总裁	副董事长	初级会计师	中级会计师	高级会计师	注册会计师	CPAA	ACCA	HKICPA
*ST0 宏盛	12	1	5	3	2	0	0	0	0	0	2	0	0	0
中华企业	16	1	2	3	2	4	1	0	0	1	0	0	0	0
首开股份	24	1	5	4	4	4	0	0	0	3	0	0	0	0
中国国贸	21	1	6	4	2	2	1	0	0	0	1	0	1	1
万通地产	22	1	6	5	3	2	2	0	0	0	0	0	0	0
北京城建	27	1	6	4	3	10	1	0	1	2	0	0	0	0
浙江广厦	14	1	6	3	2	0	0	0	2	0	0	0	0	0
珠江实业	21	1	6	4	4	4	1	0	0	2	2	0	0	0
金地集团	24	1	6	5	4	8	0	0	2	1	3	0	1	0
粤泰股份	16	1	6	3	2	3	1	0	2	1	4	0	0	0
S*ST0 前锋	9	1	6	2	2	0	0	0	1	0	1	0	0	0
京能置业	17	1	6	3	2	3	0	0	2	4	3	0	0	0
海航基础	19	1	6	4	5	1	0	0	0	0	0	0	0	0
长春经开	22	1	6	4	4	5	1	0	0	1	1	0	0	0
北辰实业	25	1	6	3	4	8	0	0	0	3	0	0	0	0
海航创新	19	1	6	5	4	3	0	0	0	1	3	0	0	0
保利地产	20	1	6	2	5	0	0	0	0	0	0	0	0	0
上海临港	23	1	6	3	5	6	2	0	5	2	4	0	0	0
南都物业	17	1	6	3	2	6	0	0	0	0	0	0	0	0
总计	593	33	162	106	98	113	13	0	25	35	45	1	2	1

表7 2016 年 A 股 32 家房地产高管与持有会计师职称资格的人数统计

单位：人

公司名称	高管人数	成员						会计师职称人数						
		董事长	董事	独立董事	监事	副总裁	副董事长	初级会计师	中级会计师	高级会计师	注册会计师	CPAA	ACCA	HKICPA
香江控股	20	1	5	6	3	4	0	0	3	0	2	0	0	0
冠城大通	23	2	4	5	3	4	0	0	0	1	2	0	0	0
华业地产	16	1	5	3	2	2	0	0	0	0	1	0	0	0

续表

公司名称	高管人数	成员						会计师职称人数						
		董事长	董事	独立董事	监事	副总裁	副董事长	初级会计师	中级会计师	高级会计师	注册会计师	CPAA	ACCA	HKICPA
鲁商置业	16	1	2	2	2	6	0	0	1	3	1	0	0	0
九鼎投资	15	1	5	3	2	2	0	0	0	0	0	0	0	0
宋都股份	13	1	3	3	2	4	0	0	0	1	0	0	0	0
卧龙地产	13	1	5	3	2	2	0	0	2	0	0	0	0	0
中体产业	16	1	4	3	4	3	0	0	0	1	2	0	0	0
天房发展	21	1	6	4	4	6	0	0	1	0	1	0	0	0
世茂股份	17	1	3	4	4	2	1	0	1	0	3	1	0	0
天地源	24	1	6	4	5	4	0	0	3	3	1	0	0	0
匹凸匹	10	1	3	2	2	0	0	0	0	0	2	0	0	0
光明地产	20	1	6	4	2	6	0	0	0	2	1	0	0	0
*STO宏盛	13	1	5	3	2	0	0	0	0	0	2	0	0	0
中华企业	12	1	1	3	2	5	0	0	0	0	1	0	0	0
首开股份	25	1	5	4	5	6	1	0	0	3	0	0	0	0
中国国贸	19	1	4	4	2	2	2	0	0	0	1	0	1	1
万通地产	16	1	6	4	2	3	2	0	0	0	0	0	0	0
北京城建	25	1	5	3	4	12	0	0	1	2	0	0	0	0
浙江广厦	16	1	4	5	2	1	1	0	2	1	1	0	0	0
珠江实业	21	1	5	4	4	4	1	0	0	2	2	0	0	0
金地集团	26	1	7	2	3	9	0	0	2	1	0	1	0	0
粤泰股份	15	1	4	3	2	4	1	0	1	1	3	0	0	0
S*STO前锋	9	1	2	2	2	1	0	0	1	0	2	0	0	0
京能置业	14	1	3	2	2	3	0	0	1	2	2	0	0	0
海航基础	19	1	4	3	4	5	0	0	0	0	0	0	0	0
长春经开	23	1	7	4	4	8	1	0	0	1	1	0	0	0
北辰实业	20	1	5	3	4	5	0	0	0	2	0	0	0	0
海航创新	20	1	4	5	4	4	1	0	0	1	4	0	0	0
保利地产	20	1	5	3	2	7	0	0	0	1	0	0	0	0
上海临港	17	1	3	3	5	3	2	0	4	2	3	0	0	0
南都物业	0	0	0	0	0	0	0	0	0	0	0	0	0	0
总计	554	32	135	107	92	127	16	0	25	30	40	1	2	1

表 8 2015 年 A 股 32 家房地产高管与持有会计师职称资格的人数统计

单位：人

公司名称	高管人数	成员						会计师职称人数						
		董事长	董事	独立董事	监事	副总裁	副董事长	初级会计师	中级会计师	高级会计师	注册会计师	CPAA	ACCA	HKICPA
香江控股	19	1	5	3	3	3	0	0	2	0	2	0	0	0
冠城大通	23	2	4	5	3	4	0	0	0	1	2	0	0	0
华业地产	16	1	5	3	2	2	0	0	0	0	2	0	0	0
鲁商置业	17	1	2	2	2	7	0	0	1	2	1	0	0	0
九鼎投资	15	1	5	3	2	2	0	0	0	0	1	0	0	0
宋都股份	15	1	5	3	2	4	0	0	2	3	0	0	0	0
卧龙地产	12	1	5	3	2	2	0	0	2	0	0	0	0	0
中体产业	16	1	4	3	4	3	0	0	0	0	2	0	0	0
天房发展	21	1	7	5	4	6	0	0	1	0	1	0	0	0
世茂股份	18	1	3	4	4	5	0	0	1	0	2	0	0	0
天地源	25	1	6	4	6	6	0	0	2	3	2	0	0	0
匹凸匹	10	1	3	2	3	0	0	0	0	0	1	0	0	0
光明地产	21	1	6	4	2	4	0	1	2	1	0	0	0	0
*STO 宏盛	14	1	4	3	2	0	0	0	2	0	0	0	0	0
中华企业	14	1	1	3	2	3	2	0	0	1	0	0	0	0
首开股份	25	1	3	5	5	6	1	0	0	3	0	0	0	0
中国国贸	18	1	6	4	2	2	1	0	0	0	2	0	1	1
万通地产	16	1	3	4	2	2	2	0	0	0	1	0	0	0
北京城建	27	1	7	6	4	10	1	0	0	2	2	0	0	0
浙江广厦	13	1	3	4	2	1	1	0	2	1	0	0	0	0
珠江实业	23	1	5	4	4	3	1	0	0	2	1	0	0	0
金地集团	23	1	8	4	2	9	0	0	1	1	2	0	1	0
粤泰股份	14	1	4	3	2	3	1	0	2	1	4	0	0	0
S*STO 前锋	9	1	2	3	2	0	0	0	0	0	0	0	0	0
京能置业	16	1	3	3	2	4	0	0	1	1	1	0	0	0
海航基础	18	1	3	3	4	5	1	0	0	0	0	0	0	0
长春经开	24	1	5	6	4	5	1	0	0	1	1	0	0	0
北辰实业	21	1	4	3	5	7	0	0	0	3	0	0	0	0
海航创新	17	1	4	5	2	4	0	0	0	0	2	0	0	0
保利地产	20	1	5	3	2	7	0	0	0	1	2	0	0	0

续表

公司名称	高管人数	成员						会计师职称人数						
		董事长	董事	独立董事	监事	副总裁	副董事长	初级会计师	中级会计师	高级会计师	注册会计师	CPAA	ACCA	HKICPA
上海临港	17	1	3	3	5	1	2	0	3	2	3	0	0	0
南都物业	0	0	0	0	0	0	0	0	0	0	0	0	0	0
总计	557	32	133	110	94	119	15	1	25	29	39	1	2	1

表9　2014年A股32家房地产高管与持有会计师职称资格的人数统计

单位：人

公司名称	高管人数	成员						会计师职称人数						
		董事长	董事	独立董事	监事	副总裁	副董事长	初级会计师	中级会计师	高级会计师	注册会计师	CPAA	ACCA	HKICPA
香江控股	17	1	3	3	3	3	0	0	2	0	2	0	0	0
冠城大通	18	1	4	3	3	3	1	0	0	1	2	0	0	0
华业地产	14	1	2	3	2	1	0	0	0	0	1	0	0	0
鲁商置业	18	1	2	2	2	8	1	0	1	2	1	0	0	0
九鼎投资	15	1	5	3	2	0	1	0	0	0	0	0	0	0
宋都股份	14	1	3	3	2	4	1	0	0	3	2	0	0	0
卧龙地产	12	1	5	3	2	0	0	0	1	2	0	0	0	0
中体产业	17	1	5	3	4	3	1	0	0	0	1	0	0	0
天房发展	21	1	7	5	4	5	0	0	1	0	1	0	0	0
世茂股份	18	1	4	4	4	3	1	0	0	0	0	1	0	0
天地源	25	1	6	4	6	3	1	0	4	3	2	0	0	0
匹凸匹	12	1	2	2	4	1	0	0	0	0	0	0	0	0
光明地产	18	1	5	3	2	5	3	0	2	0	0	0	0	0
*ST宏盛	14	1	5	2	4	0	0	0	2	0	0	0	0	0
中华企业	15	1	3	4	2	2	2	0	0	1	0	0	0	0
首开股份	24	1	4	4	4	6	1	0	0	3	1	0	0	0
中国国贸	19	1	6	4	2	2	1	0	0	0	3	0	1	1
万通地产	14	1	3	3	2	1	2	0	0	0	0	0	0	0
北京城建	24	1	5	4	4	10	1	0	1	2	0	0	0	0
浙江广厦	12	1	4	3	2	0	0	0	2	1	1	0	0	0
珠江实业	22	1	5	4	4	3	0	0	1	2	0	0	0	0

续表

公司名称	高管人数	成员						会计师职称人数						
		董事长	董事	独立董事	监事	副总裁	副董事长	初级会计师	中级会计师	高级会计师	注册会计师	CPAA	ACCA	HKICPA
金地集团	25	1	8	5	4	6	0	0	2	1	2	0	0	0
粤泰股份	13	1	2	3	3	1	1	0	2	0	2	0	0	0
S*ST0 前锋	10	1	2	3	2	1	1	0	1	0	0	0	0	0
京能置业	17	1	3	3	2	4	0	0	1	1	2	0	0	0
海航基础	15	1	4	3	4	3	0	0	0	0	0	0	0	0
长春经开	23	1	6	4	4	6	2	0	0	0	1	0	0	0
北辰实业	21	1	4	3	5	8	1	0	0	3	0	0	0	0
海航创新	12	1	6	3	2	1	1	0	1	0	1	0	0	0
保利地产	21	1	5	3	2	7	0	0	0	1	1	0	0	0
上海临港	18	1	4	4	4	3	1	0	0	0	0	0	0	0
南都物业	0	0	0	0	0	0	0	0	0	0	0	0	0	0
总计	538	31	132	104	94	105	26	0	24	26	30	1	1	1

表10 2013年A股32家房地产高管与持有会计师职称资格的人数统计

单位：人

公司名称	高管人数	成员						会计师职称人数						
		董事长	董事	独立董事	监事	副总裁	副董事长	初级会计师	中级会计师	高级会计师	注册会计师	CPAA	ACCA	HKICPA
香江控股	19	1	3	3	3	4	0	0	1	0	2	0	0	0
冠城大通	22	1	4	5	4	2	1	0	0	0	3	0	0	0
华业地产	13	1	2	2	2	2	0	0	0	0	1	0	0	0
鲁商置业	18	1	2	2	2	8	0	0	1	2	1	0	0	0
九鼎投资	15	1	5	3	2	1	0	0	0	0	0	0	0	0
宋都股份	14	1	3	3	2	4	0	0	0	3	1	0	0	0
卧龙地产	13	1	4	3	2	2	1	0	2	1	0	0	0	0
中体产业	16	1	5	3	4	1	0	0	0	0	0	0	0	0
天房发展	21	1	7	5	4	6	0	0	0	1	0	0	0	0
世茂股份	19	1	3	4	4	4	1	0	1	1	1	1	0	0
天地源	26	1	6	4	6	6	0	0	3	3	1	0	0	0
匹凸匹	8	1	2	2	2	0	0	0	0	0	0	0	0	0

续表

公司名称	高管人数	成员						会计师职称人数						
		董事长	董事	独立董事	监事	副总裁	副董事长	初级会计师	中级会计师	高级会计师	注册会计师	CPAA	ACCA	HKICPA
光明地产	18	1	4	3	2	5	1	0	2	0	1	0	0	0
*STO宏盛	13	1	7	3	2	0	0	0	3	0	2	0	0	0
中华企业	17	1	4	4	2	1	2	0	0	1	0	0	0	0
首开股份	24	1	4	4	4	6	1	0	0	3	0	0	0	0
中国国贸	19	1	6	4	2	2	1	0	0	0	2	0	1	1
万通地产	21	1	5	4	3	2	1	0	0	0	0	0	0	0
北京城建	25	1	5	5	4	10	1	0	0	1	2	0	0	0
浙江广厦	15	1	4	3	2	3	1	0	2	1	1	0	0	0
珠江实业	21	1	5	4	4	4	1	0	2	3	2	0	0	0
金地集团	26	1	7	5	5	8	0	0	2	1	1	0	0	0
粤泰股份	15	1	2	3	2	2	1	0	2	0	0	0	0	0
S*STO前锋	10	1	2	3	2	1	1	0	1	0	0	0	0	0
京能置业	17	1	3	3	2	5	0	0	1	0	2	0	0	0
海航基础	15	1	2	4	4	1	0	0	0	0	1	0	0	0
长春经开	22	1	4	4	4	4	2	0	0	0	1	0	0	0
北辰实业	26	1	4	3	4	9	1	0	0	3	0	0	0	0
海航创新	24	1	6	3	2	10	1	0	0	0	1	0	0	0
保利地产	21	1	5	3	2	8	0	0	0	1	1	0	0	0
上海临港	25	1	6	4	6	3	1	0	0	0	0	0	0	0
南都物业	0	0	0	0	0	0	0	0	0	0	0	0	0	0
总计	524	28	122	98	86	116	18	0	22	25	26	1	1	1

表11　2012年A股32家房地产高管与持有会计师职称资格的人数统计

单位：人

公司名称	高管人数	成员						会计师职称人数						
		董事长	董事	独立董事	监事	副总裁	副董事长	初级会计师	中级会计师	高级会计师	注册会计师	CPAA	ACCA	HKICPA
香江控股	19	1	3	3	3	5	0	0	1	0	2	0	0	0
冠城大通	17	1	4	3	3	3	1	0	0	0	1	0	0	0
华业地产	13	1	2	2	2	2	0	0	0	0	0	0	0	0

续表

公司名称	高管人数	成员						会计师职称人数						
		董事长	董事	独立董事	监事	副总裁	副董事长	初级会计师	中级会计师	高级会计师	注册会计师	CPAA	ACCA	HKICPA
鲁商置业	14	1	2	2	2	4	0	0	0	2	1	0	0	0
九鼎投资	16	1	6	4	2	0	0	0	0	0	1	0	0	0
宋都股份	15	1	3	3	2	3	0	0	0	3	1	0	0	0
卧龙地产	13	1	4	4	2	2	1	0	2	2	1	0	0	0
中体产业	17	1	3	3	2	5	0	0	0	0	2	1	1	0
天房发展	21	1	7	5	4	6	0	0	0	1	0	0	0	0
世茂股份	19	1	3	4	4	4	0	0	1	1	2	0	0	0
天地源	25	1	6	4	6	4	0	0	3	3	1	0	0	0
匹凸匹	9	1	2	2	2	0	0	0	0	0	0	0	0	0
光明地产	18	1	4	3	2	3	1	0	2	1	0	0	0	0
*ST0宏盛	14	1	6	3	3	0	0	0	2	0	1	0	0	0
中华企业	17	1	4	4	2	1	2	0	0	1	0	0	0	0
首开股份	24	1	4	4	4	6	1	0	0	3	1	0	0	0
中国国贸	19	1	6	4	2	2	1	0	0	0	2	0	1	1
万通地产	22	1	5	4	5	3	1	0	0	0	0	0	0	0
北京城建	27	2	5	5	5	9	1	0	1	2	0	0	0	0
浙江广厦	15	1	5	3	2	2	1	0	0	0	0	0	0	0
珠江实业	21	1	5	4	4	3	0	0	2	3	1	0	0	0
金地集团	25	1	8	5	4	8	0	0	1	2	1	0	0	0
粤泰股份	15	1	2	3	2	2	1	0	2	0	3	0	0	0
S*ST0前锋	11	1	2	3	2	1	1	0	1	1	0	0	0	0
京能置业	16	1	3	3	2	4	0	0	1	0	2	0	0	0
海航基础	15	1	2	4	4	1	0	0	0	1	0	0	0	0
长春经开	21	1	5	4	4	6	1	0	0	0	1	0	0	0
北辰实业	25	1	4	3	4	9	1	0	0	1	0	0	0	0
海航创新	17	1	5	3	2	6	0	0	0	0	0	0	0	0
保利地产	21	1	5	3	2	8	0	0	0	1	1	0	0	0
上海临港	27	1	5	4	6	5	1	0	0	0	0	0	0	0
南都物业	0	0	0	0	0	0	0	0	0	0	0	0	0	0
总计	568	32	130	108	95	117	17	0	19	28	28	2	2	1

表12 2011年A股32家房地产高管与持有会计师职称资格的人数统计

单位：人

公司名称	高管人数	成员						会计师职称人数						
		董事长	董事	独立董事	监事	副总裁	副董事长	初级会计师	中级会计师	高级会计师	注册会计师	CPAA	ACCA	HKICPA
香江控股	18	1	3	3	3	4	0	0	0	0	2	0	0	0
冠城大通	17	1	4	3	3	3	1	0	0	1	1	0	0	0
华业地产	14	1	2	3	2	1	0	0	0	0	1	0	0	0
鲁商置业	13	1	2	2	2	3	0	0	0	0	0	0	0	0
九鼎投资	16	1	6	4	2	0	0	0	0	0	1	0	0	0
宋都股份	15	1	3	3	2	4	0	0	0	2	1	0	0	0
卧龙地产	15	1	4	3	2	1	0	0	0	1	1	0	0	0
中体产业	17	1	2	3	4	6	0	0	0	0	1	0	0	0
天房发展	21	1	7	5	4	6	0	0	0	1	0	0	0	0
世茂股份	17	1	3	4	4	3	1	0	0	2	2	1	1	0
天地源	24	1	6	4	6	5	0	0	3	3	1	0	0	0
匹凸匹	9	1	2	2	2	0	0	0	0	0	0	0	0	0
光明地产	16	1	4	3	2	3	1	0	1	0	0	0	0	0
*STO 宏盛	14	1	6	3	3	0	0	0	2	0	1	0	0	0
中华企业	14	1	4	3	2	3	1	0	0	1	0	0	0	0
首开股份	26	1	4	5	4	7	1	0	0	3	1	0	0	0
中国国贸	19	1	6	4	2	2	1	0	0	0	2	1	1	1
万通地产	20	1	5	4	3	3	1	0	0	0	0	0	0	0
北京城建	24	1	5	5	3	6	0	0	1	0	0	0	0	0
浙江广厦	15	1	5	3	2	2	0	0	0	0	0	0	0	0
珠江实业	22	1	4	4	4	4	0	0	2	0	0	0	0	0
金地集团	24	1	8	5	4	2	0	0	1	2	1	0	1	0
粤泰股份	14	1	2	3	2	1	0	0	4	0	0	0	0	0
S*STO 前锋	11	1	2	3	2	1	1	0	1	1	0	0	0	0
京能置业	16	1	3	3	2	4	0	0	0	0	2	0	0	0
海航基础	16	1	3	3	4	1	0	1	0	0	1	0	0	0
长春经开	15	1	4	4	3	3	1	0	0	1	1	0	0	0
北辰实业	14	1	3	3	1	4	0	0	0	0	0	0	0	0

续表

公司名称	高管人数	成员						会计师职称人数						
		董事长	董事	独立董事	监事	副总裁	副董事长	初级会计师	中级会计师	高级会计师	注册会计师	CPAA	ACCA	HKICPA
海航创新	18	1	5	4	2	5	0	0	0	0	1	0	0	0
保利地产	21	1	5	3	2	8	0	0	0	1	1	0	0	0
上海临港	25	1	6	4	6	5	1	0	0	0	0	0	0	0
南都物业	0	0	0	0	0	0	0	0	0	0	0	0	0	0
总计	540	31	128	108	89	100	14	0	16	23	24	2	3	1

表 13　2010 年 A 股 32 家房地产高管与持有会计师职称资格的人数统计

单位：人

公司名称	高管人数	成员						会计师职称人数						
		董事长	董事	独立董事	监事	副总裁	副董事长	初级会计师	中级会计师	高级会计师	注册会计师	CPAA	ACCA	HKICPA
香江控股	18	1	3	3	3	5	0	0	0	0	1	0	0	0
冠城大通	20	1	4	3	3	4	1	0	0	0	3	0	0	0
华业地产	12	1	2	2	2	1	0	0	0	0	1	0	0	0
鲁商置业	14	1	1	2	2	3	0	0	0	1	0	0	0	0
九鼎投资	16	1	6	4	2	0	0	0	0	0	1	0	0	0
宋都股份	10	1	3	3	2	0	0	0	0	1	0	0	0	0
卧龙地产	15	1	4	3	2	3	1	0	2	2	1	0	0	0
中体产业	17	1	4	3	4	4	0	0	0	0	1	0	0	0
天房发展	22	1	7	5	4	6	0	0	1	1	0	0	0	0
世茂股份	17	1	3	4	4	3	1	0	0	2	2	1	1	0
天地源	23	1	6	4	6	4	0	0	3	3	1	0	0	0
匹凸匹	9	1	2	2	2	1	0	0	0	0	0	0	0	0
光明地产	16	1	4	3	2	2	0	0	1	0	0	0	0	0
*STO 宏盛	14	1	6	3	3	0	0	0	3	0	0	0	0	0
中华企业	14	1	4	3	2	1	1	0	0	1	0	0	0	0
首开股份	25	1	5	5	4	7	0	0	0	3	1	0	0	0
中国国贸	18	1	6	3	2	2	1	0	0	0	2	1	1	1
万通地产	17	1	4	3	2	4	0	0	0	0	0	0	0	0

续表

公司名称	高管人数	成员						会计师职称人数						
		董事长	董事	独立董事	监事	副总裁	副董事长	初级会计师	中级会计师	高级会计师	注册会计师	CPAA	ACCA	HKICPA
北京城建	25	1	5	4	4	7	1	0	1	1	0	0	0	0
浙江广厦	14	1	5	3	3	2	0	0	0	0	0	0	0	0
珠江实业	21	1	5	4	4	3	1	0	1	3	2	0	0	0
金地集团	25	1	9	5	4	2	0	0	1	2	1	0	1	0
粤泰股份	15	1	3	3	3	1	1	0	4	0	1	0	0	0
S＊STO 前锋	10	1	2	3	2	1	0	0	0	0	0	0	0	0
京能置业	16	1	3	3	2	4	0	0	0	1	2	0	0	0
海航基础	16	1	3	4	3	1	0	0	0	0	0	0	0	0
长春经开	15	1	3	4	3	4	1	0	1	1	0	0	0	0
北辰实业	15	1	3	3	2	4	0	0	0	0	0	0	0	0
海航创新	16	1	5	3	2	6	0	0	0	0	1	0	0	0
保利地产	20	1	4	3	2	8	0	0	0	0	0	0	0	0
上海临港	27	1	6	4	6	5	1	0	0	0	0	0	0	0
南都物业	0	0	0	0	0	0	0	0	0	0	0	0	0	0
总计	532	31	130	104	91	100	14	0	18	23	24	2	3	1

注:

1. 宋都股份: 2011 年借壳辽宁百科上市。

2. 匹凸匹: 原多伦股份, 2016 年更名为匹凸匹。

3. 光明地产: 原海博股份, 2015 年与农工商房地产重组上市。

4. 粤泰股份: 原东华实业, 2017 年更名为粤泰股份。

5. S＊STO 前锋: 原为迪康药业, 2015 年蓝光借壳迪康药业上市。

6. 海航基础: 原 ST 筑信, 经多次更名, 现名为海航基础。

7. 海航创新/海创 OBO 股: 原九龙山, 2016 年更名为海航创新。

8. 上海临港: 原自仪股份, 2016 年临港借壳自仪股份上市。

附录 2 会计资格考试的改进建议

1. 为了让会计专业技术资格考试更好地服务于工作，您认为会计职称考试需加强或增加哪些方面的考查内容？

表 1 认为会计资格考试需要加强的考查内容

序号	提交答卷时间	答案文本
8	2018/9/19 8：45：17	管理会计，职业道德
12	2018/9/19 8：45：37	结合实务
14	2018/9/19 8：46：02	财务管理与经济法
15	2018/9/19 8：46：20	税法
16	2018/9/19 8：46：40	实务内容
17	2018/9/19 8：48：19	增加实际操作的内容
18	2018/9/19 8：48：44	增加案例分析题，考察实际运用能力
20	2018/9/19 8：49：54	财务管理，行政事业单位会计
21	2018/9/19 8：50：22	理论结合实际业务多一些
24	2018/9/19 8：51：09	固定资产
29	2018/9/19 8：53：36	多于实际工作密切结合
33	2018/9/19 8：55：33	管理方面的内容和实务方面的内容
34	2018/9/19 8：57：45	金融创新
38	2018/9/19 9：03：32	管理会计方向
40	2018/9/19 9：07：49	理论与实际相结合
44	2018/9/19 9：16：02	目前的考试模式就很好
47	2018/9/19 9：24：05	实际操作

续表

序号	提交答卷时间	答案文本
51	2018/9/19 9：33：18	实务方面的内容、新财政政策
58	2018/9/19 9：40：51	加强财务分析方面的考察，更多地让理论应用于实际
59	2018/9/19 9：43：54	开放性试题，需要根据工作经验回答
65	2018/9/19 9：52：25	取消简答题
69	2018/9/19 9：55：09	无
70	2018/9/19 9：55：22	实务方面内容
72	2018/9/19 10：01：38	实务
78	2018/9/19 10：09：48	职业道德及信用建设
81	2018/9/19 10：13：04	公式最好可以提供
86	2018/9/19 10：23：58	实务操作
89	2018/9/19 10：37：58	实际应用
96	2018/9/19 10：58：46	建议增加企业内部控制和风险管理方面的内容
101	2018/9/19 11：14：44	应注重基础内容考试
103	2018/9/19 11：15：32	无
107	2018/9/19 11：17：45	适时性、实用性、行业关联性
109	2018/9/19 11：18：53	与工作接触比较紧密的方面
111	2018/9/19 11：19：35	公式内容可以考核
115	2018/9/19 11：20：57	实际
117	2018/9/19 11：21：47	考点应该有选择的点，确实选不了进行随机分配
121	2018/9/19 11：25：34	增加管理会计方面的考查内容
141	2018/9/19 11：48：22	职业道德方面多加内容
143	2018/9/19 11：49：49	加强实务考察
144	2018/9/19 11：50：53	与实际工作相结合的内容
146	2018/9/19 11：53：00	多加一些税知识
147	2018/9/19 11：53：23	加强对管理会计、财务分析方面的考核，融入经济学基本理论的考察
148	2018/9/19 11：56：14	希望可以将政府事业单位会计职称考试单独考虑
149	2018/9/19 11：56：44	注重实际业务方面的考查
151	2018/9/19 12：06：28	职业判断
160	2018/9/19 12：17：50	结合实际业务进行考察
170	2018/9/19 12：40：35	要结合业务实操方面，减少理论
177	2018/9/19 12：54：27	管理会计内容
181	2018/9/19 13：03：30	实用性

续表

序号	提交答卷时间	答案文本
186	2018/9/19 13：06：39	增加会计实务内容，不再偏重理论
191	2018/9/19 13：10：19	管理会计
192	2018/9/19 13：10：28	应加强与实际工作业务的联系，增强实操技能的考核，减少理论性的题目，增强实操技能的考核
195	2018/9/19 13：13：14	增加时事内容
202	2018/9/19 13：15：01	研究类
203	2018/9/19 13：15：12	实践
211	2018/9/19 13：17：28	多些最新的典型案例
218	2018/9/19 13：21：18	对于企业在招聘考核方面作为硬性指标
224	2018/9/19 13：25：29	增加实务相关试题
228	2018/9/19 13：29：20	职业道德
233	2018/9/19 13：32：34	管理会计、战略、风险、法律
234	2018/9/19 13：32：48	考了初级证，使用不了初级证的实操内容
235	2018/9/19 13：33：00	无
237	2018/9/19 13：33：38	无
240	2018/9/19 13：34：58	加强实践中的考查
244	2018/9/19 13：37：54	战略与实践方面的内容
245	2018/9/19 13：38：11	职业道德、执业方法论，以及日常会计业务处理的职业判断
250	2018/9/19 13：41：44	案例分析，解决方案
253	2018/9/19 13：43：13	实务和案例性考察
254	2018/9/19 13：44：11	信息化方面的内容
256	2018/9/19 13：47：12	会计实务
258	2018/9/19 13：48：47	目前的可以
261	2018/9/19 13：53：36	投资管理与决策
264	2018/9/19 13：56：02	宏观政策引导
273	2018/9/19 14：01：14	实务方面
274	2018/9/19 14：01：50	增加实务考察
275	2018/9/19 14：02：13	实操性
277	2018/9/19 14：03：45	理论和实际相结合
280	2018/9/19 14：05：36	加强理论
282	2018/9/19 14：06：16	管理会计专业知识的占比
286	2018/9/19 14：10：45	减少论文发表数量

续表

序号	提交答卷时间	答案文本
294	2018/9/19 14：16：00	单位性质特点对会计的要求突出一些
302	2018/9/19 14：18：30	联系实际
311	2018/9/19 14：33：54	政治素养、职业道德、专业技术、绩效考核实际操作方法等方面
314	2018/9/19 14：34：48	建议增加综合性的考查内容
320	2018/9/19 14：38：17	增加考试次数
321	2018/9/19 14：39：34	面试
326	2018/9/19 14：44：56	每年多开考一次
330	2018/9/19 14：45：28	可以分行业考证，加大会计专业技术资格的实际使用效率
333	2018/9/19 14：48：21	没建议
334	2018/9/19 14：48：32	实务与理论相结合
335	2018/9/19 14：50：01	增强实际会计实务中遇见的案例及解决办法
341	2018/9/19 14：53：28	更加务实一些
343	2018/9/19 14：54：39	真实案例分析
345	2018/9/19 14：58：20	增加英语部分
346	2018/9/19 14：58：29	需更贴近实务
347	2018/9/19 14：59：44	无
350	2018/9/19 15：04：41	增加实战考题
353	2018/9/19 15：08：59	实用性
359	2018/9/19 15：16：27	预算管理
360	2018/9/19 15：17：36	实际操作内容考查
368	2018/9/19 15：21：25	战略、内控、信息化
370	2018/9/19 15：21：46	无
372	2018/9/19 15：22：23	实用方面
380	2018/9/19 15：28：07	基础规范、职业道德等
385	2018/9/19 15：31：43	解决问题的能力，综合素质
395	2018/9/19 15：46：37	实践方面的
403	2018/9/19 15：48：30	增加管理、战略方面的内容
407	2018/9/19 15：51：29	应重视操作，还有职业素养
410	2018/9/19 15：52：22	考试多多增加工作实务中的内容；职称评定时，减少论文的要求，加大工作总结、实操案例、工作论文等结合实务的内容，让高级会计师是名符其实的会计高级人员，而不是被其他杂项绑架
417	2018/9/19 15：55：51	职业道德方面

序号	提交答卷时间	答案文本
418	2018/9/19 15：56：25	加大税法、法律及内控
421	2018/9/19 15：57：28	增强实操方面的考试，贴近工作
422	2018/9/19 15：58：05	财务信息技术、管理会计等
426	2018/9/19 15：58：39	增加实务方面的考查，减少计算类
428	2018/9/19 15：58：56	实际运用
430	2018/9/19 15：59：56	贴近业务，不能完全理论化
431	2018/9/19 15：59：57	实际案例
436	2018/9/19 16：03：28	管理会计
447	2018/9/19 16：10：09	增加实际操作内容
449	2018/9/19 16：10：55	减少背诵的条目，增加一些理解性的原理问题
451	2018/9/19 16：12：10	绩效管理内容
454	2018/9/19 16：16：58	无
455	2018/9/19 16：17：04	增加难度
459	2018/9/19 16：19：37	实务操作增强
461	2018/9/19 16：20：50	实操
465	2018/9/19 16：26：09	实务
467	2018/9/19 16：30：39	实践问题
471	2018/9/19 16：37：08	实际操作
474	2018/9/19 16：39：12	不知道
475	2018/9/19 16：40：05	实操
476	2018/9/19 16：40：16	解决实际工作的能力
477	2018/9/19 16：40：24	更好地为会计人员服务
481	2018/9/19 16：45：33	应用题
483	2018/9/19 16：48：20	增加综合业务处理能力
484	2018/9/19 16：49：05	实务
488	2018/9/19 16：54：59	增加实践操作能力
489	2018/9/19 16：55：06	实用性
497	2018/9/19 17：02：19	财务分析
499	2018/9/19 17：03：03	金融知识、融资案例
500	2018/9/19 17：03：40	财务报表
503	2018/9/19 17：05：47	法律
510	2018/9/19 17：10：17	暂无

续表

序号	提交答卷时间	答案文本
511	2018/9/19 17：10：37	实操
513	2018/9/19 17：15：00	会计工作相关
515	2018/9/19 17：16：28	与应用实操相结合
521	2018/9/19 17：20：17	无
522	2018/9/19 17：21：01	风险管理
523	2018/9/19 17：26：26	实务
528	2018/9/19 17：29：39	无
548	2018/9/19 17：36：20	最新法律法规
550	2018/9/19 17：36：54	实际操作
558	2018/9/19 17：42：19	实用性
564	2018/9/19 17：46：54	为什么行政单位不可以参评高级会计师？现在行政单位会计也越来越接近企业单位会计
567	2018/9/19 17：50：03	实务操作
570	2018/9/19 17：53：59	实物
572	2018/9/19 17：54：48	案例分析
575	2018/9/19 17：56：25	管理会计
579	2018/9/19 18：01：01	无
583	2018/9/19 18：03：40	无
586	2018/9/19 18：07：24	实务
589	2018/9/19 18：10：39	企业管理方面的知识
592	2018/9/19 18：11：59	高级会计师考试按照新准则变化，增加收入准则考试章节
593	2018/9/19 18：12：48	财务管理
594	2018/9/19 18：15：56	基础知识
606	2018/9/19 18：39：40	适当增加政府会计方面知识，现考试内容太偏向企业会计
615	2018/9/19 19：05：24	新技术应用，财务模型实用考核
616	2018/9/19 19：06：42	实际应用
618	2018/9/19 19：19：26	选题更贴近实际工作中遇到的难点和共性问题
620	2018/9/19 19：27：17	中级考试一天考三门真的有些痛苦
623	2018/9/19 19：52：56	多些分析题
630	2018/9/19 20：07：18	行政事业单位相关知识
638	2018/9/19 20：28：25	行业分开
645	2018/9/19 20：43：17	案例分析

序号	提交答卷时间	答案文本
650	2018/9/19 21：12：38	增加次数，正高级不需要考试
652	2018/9/19 21：28：27	根据工作经常用到的内容设计考题，真正学以致用
653	2018/9/19 21：29：58	信息化方面的内容
654	2018/9/19 21：34：22	实际工作中的问题考察
655	2018/9/19 21：38：51	案例
660	2018/9/19 21：49：12	实践内容
662	2018/9/19 21：57：22	案例
663	2018/9/19 21：59：24	单、双号考生的试题应不同。现在计算机考试，考场多使用大学的计算机室，每台计算机相邻的很近，考生座位就很近，考题相同，相互之间看，监考无法阻止。对考试的严肃性带来不利的社会影响
664	2018/9/19 22：01：36	多与实务案例相结合
671	2018/9/19 22：21：35	实务
673	2018/9/19 22：30：10	报班
674	2018/9/19 22：34：56	放宽报名条件
676	2018/9/19 22：40：30	注重实务
680	2018/9/19 23：57：25	具体企业情景分析
692	2018/9/20 7：46：23	无
696	2018/9/20 8：04：51	实务
697	2018/9/20 8：05：43	更加专业性，增加难度
699	2018/9/20 8：06：48	实务
702	2018/9/20 8：16：52	税务统筹
705	2018/9/20 8：22：15	实务类
715	2018/9/20 8：35：00	无
717	2018/9/20 8：36：51	解决实际问题
719	2018/9/20 8：38：59	本人考会计专业技术资格考试的时间较早，大概10年前，只能根据当时情况填写，我认为应该在理论和实际应用上加以平衡
722	2018/9/20 8：43：11	去掉一些过于纯理论的，与工作内容相关度不高的科目或内容
726	2018/9/20 8：51：08	要更贴近实务
729	2018/9/20 9：01：22	与时俱进，增加一些与实际情况接轨的题目，减少一些仅存于理论计算层面的逻辑较为复杂的题目
731	2018/9/20 9：17：59	能否增加一个考点范围的志愿选择，尽量就近参加考试
739	2018/9/20 9：32：28	实操，过于理论化不利于实际操作
741	2018/9/20 9：33：53	实际操作方面

续表

序号	提交答卷时间	答案文本
742	2018/9/20 9：34：19	根据岗位类别可选专业偏好，现在可选部分较少，高级考试考评结合尚需改进
744	2018/9/20 9：34：37	审计
745	2018/9/20 9：35：56	实践方面的内容
763	2018/9/20 10：01：06	实际业务
767	2018/9/20 10：10：45	管理会计领域
771	2018/9/20 10：31：43	实务方面的题型应增多，更好地学以致用
773	2018/9/20 10：35：53	时效性，贴近时事
774	2018/9/20 10：39：13	具体实物
775	2018/9/20 10：40：40	加强与实际业务相关的考察
780	2018/9/20 10：44：05	工作实际
787	2018/9/20 10：48：47	实务操作
789	2018/9/20 10：49：29	对基础概念的掌握，建议每年举行两次职称考试
792	2018/9/20 10：52：35	财务会计
801	2018/9/20 11：02：06	评价
806	2018/9/20 11：04：29	无
810	2018/9/20 11：07：42	注册会计师考试内容过于理论化，注重死记硬背，不利于系统性思维，应贴近实际
812	2018/9/20 11：12：39	常见业务处理，信息技术方面、业财融合方面
819	2018/9/20 11：18：29	希望有注会证书的可以代替其他职称
822	2018/9/20 11：21：15	一年才考一次，难度大
823	2018/9/20 11：22：55	无
829	2018/9/20 11：28：37	实务分析操作
832	2018/9/20 11：30：08	需要加强实务细则内容
837	2018/9/20 11：31：34	更偏重实际工作
853	2018/9/20 11：38：22	考试内容与实际相结合
857	2018/9/20 11：42：34	无
863	2018/9/20 11：52：02	申论等
869	2018/9/20 12：14：28	实用性
878	2018/9/20 12：26：14	暂无
881	2018/9/20 12：28：52	实际案例分析，考察财务分析如何推动企业战略规划、运营管理
892	2018/9/20 12：50：12	政府会计

续表

序号	提交答卷时间	答案文本
895	2018/9/20 13：00：00	实际应用
897	2018/9/20 13：03：30	可以实际运用
900	2018/9/20 13：28：31	实际操作
901	2018/9/20 13：39：56	案例题
906	2018/9/20 13：54：37	联系实际
907	2018/9/20 13：55：08	加强实务方面的考试
909	2018/9/20 13：57：32	财管和分析
911	2018/9/20 14：01：09	选答比例提高，更关注行业
912	2018/9/20 14：02：08	基础内容就可
915	2018/9/20 14：07：49	实操性的多点
917	2018/9/20 14：12：04	无
924	2018/9/20 14：23：55	实际应用
937	2018/9/20 17：39：42	财务信息系统
940	2018/9/20 17：41：05	反映真实业务，而不是假设的，比如常见的"不考虑税费"
947	2018/9/20 17：49：24	理论知识考核水平越来越大，脱离实务工作趋势明显，应加强与实务工作联系
956	2018/9/20 18：02：51	管理会计
957	2018/9/20 18：03：29	太难了
958	2018/9/20 18：03：42	实际操作内容
959	2018/9/20 18：04：11	实际操作方面
962	2018/9/20 18：10：34	一年一次考试机会略少
963	2018/9/20 18：12：31	好
967	2018/9/20 18：15：54	增加综合性案例，考察和促进财务人员综合分析的能力
968	2018/9/20 18：16：25	社会认可度有待提高
971	2018/9/20 18：18：03	职业道德和规范
973	2018/9/20 18：19：25	税务、实务、财务分析
977	2018/9/20 18：26：11	管理会计方面的内容
978	2018/9/20 18：30：05	合并报表
983	2018/9/20 18：37：21	可考虑增加IT内容，如财务相关编程，提高竞争力
985	2018/9/20 18：39：13	高级会计考试内容综合性需要加强
991	2018/9/20 18：47：34	无
997	2018/9/20 18：53：35	无

续表

序号	提交答卷时间	答案文本
998	2018/9/20 18：55：25	案例分析
1000	2018/9/20 18：58：36	案例
1005	2018/9/20 19：05：26	管理和法律
1006	2018/9/20 19：07：20	实用性
1007	2018/9/20 19：07：28	接近企业实务的案例考察
1027	2018/9/20 19：27：56	管理会计
1029	2018/9/20 19：31：33	更多案例分析
1043	2018/9/20 19：55：53	实际工作中操作
1047	2018/9/20 20：02：44	贴近实物，别故意为难，做文字游戏
1051	2018/9/20 20：08：09	信息化能力，财务共享能力，制度设计、参与管理能力
1052	2018/9/20 20：08：34	内控
1056	2018/9/20 20：14：20	一年多考
1060	2018/9/20 20：19：52	公司法
1062	2018/9/20 20：23：23	实际工作中相关
1064	2018/9/20 20：24：38	会计承担的责任与其他系列职称相比很难，有些不公平
1067	2018/9/20 20：30：34	没有
1073	2018/9/20 20：41：59	与实际工作结合多些
1075	2018/9/20 20：42：50	无
1076	2018/9/20 20：43：35	好
1078	2018/9/20 20：45：08	结合案例学习与考核
1087	2018/9/20 20：49：10	无
1091	2018/9/20 20：51：21	加强的考察内容没有，但是中高级的报名条件有待商榷
1092	2018/9/20 20：51：22	无
1095	2018/9/20 20：52：16	管理会计的内容
1097	2018/9/20 20：52：26	无
1101	2018/9/20 20：54：05	无
1102	2018/9/20 20：54：26	实践
1104	2018/9/20 20：54：58	实践方面
1107	2018/9/20 20：55：03	无
1108	2018/9/20 20：55：19	增加实操方面的知识
1110	2018/9/20 20：56：11	敬业度考察
1116	2018/9/20 20：59：21	联系实际

我国会计资格考试的调查研究

续表

序号	提交答卷时间	答案文本
1118	2018/9/20 21：00：25	无
1122	2018/9/20 21：02：09	无
1123	2018/9/20 21：02：15	税法方面的知识
1126	2018/9/20 21：02：41	无
1133	2018/9/20 21：06：41	NA
1134	2018/9/20 21：06：44	基础核算
1135	2018/9/20 21：07：05	基础知识理论
1136	2018/9/20 21：07：24	无
1137	2018/9/20 21：07：36	实务
1144	2018/9/20 21：10：59	没有
1146	2018/9/20 21：12：08	多数企业行业能用到的
1153	2018/9/20 21：16：28	无
1155	2018/9/20 21：17：58	基础会计、管理会计
1157	2018/9/20 21：19：24	发票
1158	2018/9/20 21：19：51	增加实操
1160	2018/9/20 21：20：12	实用性方面应增加
1169	2018/9/20 21：24：22	理论与实践相结合
1170	2018/9/20 21：24：48	无
1173	2018/9/20 21：26：32	计算机操作
1177	2018/9/20 21：28：24	贴切于实际工作，考试内容反映最新准则法规
1180	2018/9/20 21：31：01	非常全面
1181	2018/9/20 21：31：17	无
1182	2018/9/20 21：31：31	需要增加实务考试内容，而不局限于纯理论
1184	2018/9/20 21：31：58	无
1186	2018/9/20 21：32：36	实际应用理论
1187	2018/9/20 21：32：51	无
1188	2018/9/20 21：33：03	增加每年考试次数，比如中级会计一年考两次
1189	2018/9/20 21：33：31	无
1192	2018/9/20 21：33：55	增加实际工作的案例
1201	2018/9/20 21：38：34	偏向实际业务多一些
1204	2018/9/20 21：39：59	增加实操
1205	2018/9/20 21：41：06	会计老师应该增加实际操作

续表

序号	提交答卷时间	答案文本
1210	2018/9/20 21：44：54	无
1212	2018/9/20 21：47：08	财务系统的应用
1213	2018/9/20 21：47：32	实际操作
1218	2018/9/20 21：48：33	无
1220	2018/9/20 21：49：51	工作中实际业务操作方法
1227	2018/9/20 21：53：15	暂时没有
1228	2018/9/20 21：53：25	管理会计
1229	2018/9/20 21：53：32	基础知识
1230	2018/9/20 21：53：51	管理理念
1233	2018/9/20 21：58：56	实际业务
1236	2018/9/20 22：01：06	有针对性的考试
1239	2018/9/20 22：03：07	实务考查
1243	2018/9/20 22：05：28	需要与实际业务相结合
1248	2018/9/20 22：15：14	增强实务
1250	2018/9/20 22：18：51	理论与实际的结合度
1251	2018/9/20 22：20：54	对实践帮助太少，太理论化
1252	2018/9/20 22：21：09	职称与CPA重复应有互免机制
1253	2018/9/20 22：22：40	不需要太难
1254	2018/9/20 22：24：16	管理
1255	2018/9/20 22：24：44	为了更加方便在职人员合理统筹工作与学习的时间，希望一年组织两次职称考试
1258	2018/9/20 22：30：54	无
1260	2018/9/20 22：34：17	实践
1265	2018/9/20 22：47：44	财务管理脱离实际
1266	2018/9/20 22：51：12	职业道德
1270	2018/9/20 22：54：09	与工作相关
1274	2018/9/20 23：35：48	行政事业单位会计
1275	2018/9/20 23：39：23	职业道德、法律法规、税收管理等
1278	2018/9/21 1：28：54	管理会计
1280	2018/9/21 4：44：03	多加案例，引导实操
1285	2018/9/21 6：40：59	税务
1290	2018/9/21 7：18：37	按工作内容考察应有所侧重

序号	提交答卷时间	答案文本
1301	2018/9/21 8：23：25	每年考试的频率适当增加
1304	2018/9/21 8：32：03	高级会计师所需条件较多，结合环境变化进行修改
1307	2018/9/21 8：36：42	增加相关法律的考点
1308	2018/9/21 8：38：15	不需加强
1309	2018/9/21 8：39：11	无
1313	2018/9/21 8：53：50	实践应用
1319	2018/9/21 9：04：23	考试范围
1322	2018/9/21 9：12：57	宏观政策、财务管理等
1323	2018/9/21 9：17：31	没有
1325	2018/9/21 9：24：20	无
1328	2018/9/21 9：31：50	绩效、预算
1329	2018/9/21 9：33：46	无
1330	2018/9/21 9：33：47	无
1331	2018/9/21 9：36：08	注册会计师考试，注册税务师考试等科目较多的一年建议组织两次
1332	2018/9/21 9：36：18	无
1333	2018/9/21 9：37：49	预算成本方面内容
1334	2018/9/21 9：38：14	与会计实务相关的内容
1335	2018/9/21 9：39：23	无
1342	2018/9/21 9：48：17	加强实操与理论相结合
1344	2018/9/21 9：56：18	税务
1347	2018/9/21 10：01：23	税务
1355	2018/9/21 10：52：45	风险管理
1358	2018/9/21 10：57：13	无
1362	2018/9/21 11：28：04	无
1363	2018/9/21 11：34：28	无
1368	2018/9/21 12：14：15	实际操作
1373	2018/9/21 14：44：32	无
1375	2018/9/21 15：28：02	实战
1378	2018/9/21 16：03：04	无
1379	2018/9/21 16：45：44	实际工作经验
1382	2018/9/21 18：54：19	每年多组织几次
1384	2018/9/21 19：17：10	专业能力

序号	提交答卷时间	答案文本
1389	2018/9/22 10：15：43	会计职业道德
1391	2018/9/22 10：23：45	Excel 操作需要数据
1392	2018/9/22 10：40：21	无
1401	2018/9/22 20：03：18	管理会计方面的考试内容
1406	2018/9/22 22：42：16	职业道德方面
1409	2018/9/23 11：50：22	与实际情况联系紧密些
1412	2018/9/23 18：11：44	基本原理
1413	2018/9/23 18：37：53	事业专项
1420	2018/9/25 12：26：48	信息化管理和战略管理
1421	2018/9/25 14：40：22	实务
1422	2018/9/25 15：31：54	增加题库，增加考试次数，做完题即出分数
1426	2018/9/25 19：33：55	实务操作
1430	2018/9/26 0：16：34	会计职业道德
1432	2018/9/26 12：40：00	税务知识
1433	2018/9/26 12：48：21	一年多考，以考促学，永续受益
1435	2018/9/26 12：51：22	加强对新知识的考题
1438	2018/9/26 12：54：29	与实际操作要挂钩
1440	2018/9/26 12：57：21	跟业务相关的，包括法律方面的内控知识
1442	2018/9/26 13：03：22	以实操方面的为主，少理论化，考试内容与工作实际联系密切
1445	2018/9/26 13：06：12	电子信息化建设
1449	2018/9/26 13：15：07	加强相关专业细分，不要一概而论。职称如果有就业行业的划分是否更有意义
1450	2018/9/26 13：15：54	题目不要太偏，应贴合实际应用
1452	2018/9/26 13：23：45	增加考试次数，增加到每个季度考
1455	2018/9/26 13：30：02	实务业务
1456	2018/9/26 13：33：12	实操
1457	2018/9/26 13：40：06	注重财务整体性考察，加强综合题目的比重
1458	2018/9/26 13：47：59	一年多次考试
1460	2018/9/26 13：58：11	实际操作上
1461	2018/9/26 13：58：28	加强准则方面
1464	2018/9/26 14：16：19	中级职称建议一年考试两次
1471	2018/9/26 14：29：15	可增加实操性强一些的内容

序号	提交答卷时间	答案文本
1472	2018/9/26 14：34：09	最好一年多次
1474	2018/9/26 14：35：58	Excel 在会计中的应用
1476	2018/9/26 14：40：39	如果一年两次就不错
1482	2018/9/26 15：32：45	能尽快出成绩，一年最起码能考两次
1483	2018/9/26 15：42：20	实操方面的内容
1485	2018/9/26 17：24：29	考试内容与实际工作结合，学为所考，考为所用
1487	2018/9/26 17：37：38	财务分析及财务风险控制
1488	2018/9/26 20：07：44	实际工作经验及业绩描述
1493	2018/9/27 8：49：45	没有
1497	2018/9/27 14：03：53	实际操作业务
1501	2018/9/27 14：04：37	税收知识
1502	2018/9/27 14：05：05	会计实务工作考察，税务实务考察
1508	2018/9/27 14：08：11	实际案例
1517	2018/9/27 15：43：39	报表
1525	2018/9/27 20：34：09	考察运用会计管理能力，简化做账能力
1527	2018/9/28 19：26：17	多增加与实际工作有关内容
1528	2018/9/29 12：49：13	实物工作
1531	2018/9/29 12：54：34	联系实际
1533	2018/9/29 13：32：58	贴近工作，实际操作
1539	2018/9/29 14：34：04	较好
1540	2018/9/29 14：36：52	解决实际问题的能力
1541	2018/9/29 14：41：57	行业知识
1543	2018/9/29 14：42：09	实际工作的考察
1546	2018/9/29 14：43：34	无
1550	2018/9/29 14：51：49	与实际工作相结合
1554	2018/9/29 14：56：32	要侧重实用性，而不是为了考试难度而增加几乎用不到的偏题
1557	2018/9/29 15：03：39	事业单位内容
1559	2018/9/29 16：18：43	符合相应级别应具备的一般水准
1562	2018/9/29 16：28：37	偏重实际应用

2. 您认为会计职称考试在未来需要改进的方面有哪些？

表 2　会计资格考试在未来需要改进的方面

序号	提交答卷时间	答案文本
34	2018/9/19 8：57：45	高级会计师考试也应该闭卷
55	2018/9/19 9：37：53	可以考虑一部分贴近前沿理论
85	2018/9/19 10：18：47	考场能否设立在地级市，每次都在省会城市很不方便
112	2018/9/19 11：19：43	中级、高级职称考试限制工作年限时间长，不利于财务人员发展
190	2018/9/19 13：09：14	职称考试和注册会计师考试内容重复
214	2018/9/19 13：18：54	高级会计师条件太高，可适当降低
219	2018/9/19 13：21：18	会计继续教育没有意义
274	2018/9/19 14：01：50	中级考试对于本科毕业年限的要求过长，建议缩短工作时间的要求
290	2018/9/19 14：12：52	出题不要偏，不要出超过教材内容的题，今年经济法就有这两种情况
370	2018/9/19 15：21：46	取消论文考核
418	2018/9/19 15：56：25	注重持续教育
454	2018/9/19 16：16：58	建议高级会计师取消评审环节，因为人为因素太多，不能保证公平性
455	2018/9/19 16：17：04	初级不宜难度太高，中级应增加难度，高级应增加实操性
490	2018/9/19 16：56：23	允许公务员考评
503	2018/9/19 17：05：47	直接在系统上进行账务处理
528	2018/9/19 17：29：39	无
589	2018/9/19 18：10：39	增强考前的老师方面课堂培训授课
663	2018/9/19 21：59：24	初级职称考试设计题库，各地根据考生数量及报名情况，安排考试次数
692	2018/9/20 7：46：23	无
822	2018/9/20 11：21：15	希望一年可以考两次，或者成绩有效期延长
872	2018/9/20 12：16：52	少考虑通过率，多考虑任职资料，降低主观题比例
897	2018/9/20 13：03：30	希望中级职称考试每年两次
915	2018/9/20 14：07：49	没有
918	2018/9/20 14：14：17	初级报考条件要限制专业
947	2018/9/20 17：49：24	进一步联系实务工作
953	2018/9/20 18：00：15	高级会计考试条件过于苛刻
967	2018/9/20 18：15：54	增加综合性考查内容，促进系统性思维
978	2018/9/20 18：30：05	高级评审可进一步放宽

续表

序号	提交答卷时间	答案文本
985	2018/9/20 18：39：13	考试内容更有助于提高人员财务及管理水平
1007	2018/9/20 19：07：28	考试难度较低，内容不够丰富
1032	2018/9/20 19：33：40	中级可以适当降低难度，高级需要保持难度不能过分容易
1040	2018/9/20 19：48：06	高级会计师每年考试时间应该早一点，以免当年评不了
1064	2018/9/20 20：24：38	中级以上考试难度大，理论水平偏低，有实干精神的人获得职称太难，与社会上其他系列比不太公平，希望降低难度
1091	2018/9/20 20：51：21	中级报名要求有居住证，有些苛刻，有些难为考生，有的地区要求带会计凭证到审核现场，希望能进一步改善
1097	2018/9/20 20：52：26	无
1118	2018/9/20 21：00：25	放低报考条件，取消工作经验限制
1135	2018/9/20 21：07：05	中级会计考试，应该一天两门
1144	2018/9/20 21：10：59	没有
1153	2018/9/20 21：16：28	增加年内考试次数
1156	2018/9/20 21：18：28	无纸化考试的答题界面设计可以更加友好，使用的软件成像清晰度和设备的分辨率应当加大
1158	2018/9/20 21：19：51	考试地点可以在考前更改，考试地方选择不要太严格
1163	2018/9/20 21：21：17	尽量贴近工作实际
1170	2018/9/20 21：24：48	无
1172	2018/9/20 21：26：26	无
1177	2018/9/20 21：28：24	对于无会计从业经验的人员限制报考条件，减少考证党，提高专业资格证书的实际工作认可度
1178	2018/9/20 21：30：51	结合实际情况要求报名条件，比如考试要居住证觉得没有必要
1187	2018/9/20 21：32：51	无
1188	2018/9/20 21：33：03	中级一年考两次，多给大家机会
1205	2018/9/20 21：41：06	对于考试中使用计算机自带公式，对考试答题速度有影响
1227	2018/9/20 21：53：15	纸制考试比较合适
1231	2018/9/20 21：57：28	允许所有人参评
1239	2018/9/20 22：03：07	与公司待遇、退休金挂钩
1240	2018/9/20 22：03：16	会计行业竞争力大，初级考试应该提高门槛，让更多本行业的去参加考试。多增加考试次数。中级考试的工作时间限制放低一点
1251	2018/9/20 22：20：54	对实践帮助太少，太理论化，否则考试只是迫于竞争压力
1252	2018/9/20 22：21：09	加强互免
1269	2018/9/20 22：53：21	中级考试要求工作年限太长，跨度较大，不太科学

续表

序号	提交答卷时间	答案文本
1275	2018/9/20 23：39：23	考试次数真的太少了
1278	2018/9/21 1：28：54	中级去掉财务管理科目
1279	2018/9/21 4：33：45	降低报考台阶，适当增加考试难度
1334	2018/9/21 9：38：14	降低报考条件，简化报名手续
1378	2018/9/21 16：03：04	无
1386	2018/9/21 20：02：35	要把更新的速度提上来，政策变化快，但教材更新比较慢
1422	2018/9/25 15：31：54	即做即出分，提高公开公平和效率
1432	2018/9/26 12：40：00	提高考试难度
1433	2018/9/26 12：48：21	一天三门，强度太大，疲惫不堪，花了两天才缓过来
1440	2018/9/26 12：57：21	建议考试的内容可以丰富一点，随着互联网及信息化的发展进行会计分录，这样以后可以固化在系统中，建议考察财务的管理职能包括分析、预算、内控等
1442	2018/9/26 13：03：22	机考计算机有些陈旧，影响考试发挥效果
1445	2018/9/26 13：06：12	成绩能早点出来，实在太难等了
1448	2018/9/26 13：10：17	考试成绩较长时间才能查询，望加快出成绩的速度
1458	2018/9/26 13：47：59	一年多次报名考试
1472	2018/9/26 14：34：09	降低难度，一年多次考试，可选择机考和纸考，有些年龄大的不会计算机
1487	2018/9/26 17：37：38	增加教授级高级会计师职称
1492	2018/9/27 8：38：31	中级难度较低
1509	2018/9/27 14：21：53	无
1522	2018/9/27 17：21：16	不应该设置那么多报考条件，比如必须有居住证和工作证明，因为现在人口流动大，大部分人不在户籍所在地工作，则居住证和工作证明无法同时满足，比如上海居住证办理难度太大，对于在大城市打拼的上进年轻人，社会和国家应该给予支持考试而不是设置门槛，从而能够缩小贫富差距，助力和谐社会建设
1533	2018/9/29 13：32：58	出成绩时间提前，有利于单位职称评测；一年一次太少，耽误财务人员晋升的宝贵时间
1545	2018/9/29 14：43：22	报考高级条件多，年限多，即使考完注册会计师也不一定达到高级要求，还要等年限
1554	2018/9/29 14：56：32	最好还是能区分专业和非专业的，如果是非专业化的人考试还是最好有限制条件或者增加学习时效
1559	2018/9/29 16：18：43	加强报考资格审查等

附录3 对在校大学生的问卷调查

1. 您是否主修会计学专业［单选题］*

○是（请跳至第3题）　　　　　○否

2. 您是否辅修会计学专业［单选题］*

○是　　　　　　　　　　　　○否

3. 您的年级是［单选题］*

○大一

○大二

○大三

○大四

○研究生

4. 请您对 ACCA（特许公认会计师公会）考试进行认可度评分［单选题］

○1　○2　○3　○4　○5　○6　○7　○8　○9　○10

5. 请您对 CPA（注册会计师）考试进行认可度评分［单选题］

○1　○2　○3　○4　○5　○6　○7　○8　○9　○10

6. 请您对 CMA（美国注册管理会计师）考试进行认可度评分［单选题］

○1　○2　○3　○4　○5　○6　○7　○8　○9　○10

7. 请您对 CFA（特许金融分析师）考试进行认可度评分［单选题］

○1　○2　○3　○4　○5　○6　○7　○8　○9　○10

8. 请您对 FRM（金融风险管理师）考试进行认可度评分［单选题］

○1　○2　○3　○4　○5　○6　○7　○8　○9　○10

9. 请您对中国会计职称考试（含初级会计师、中级会计师、高级会计师）进行认可度评分［单选题］

○1 ○2 ○3 ○4 ○5 ○6 ○7 ○8 ○9 ○10

10. 社会（行业）对该考试的认可度［单选题］*

○1 ○2 ○3 ○4 ○5 ○6 ○7 ○8 ○9 ○10

11. 该考试的国际化程度［单选题］*

○1 ○2 ○3 ○4 ○5 ○6 ○7 ○8 ○9 ○10

12. 通过该考试的难度［单选题］*

○1 ○2 ○3 ○4 ○5 ○6 ○7 ○8 ○9 ○10

13. 该考试内容是否系统全面［单选题］*

○1 ○2 ○3 ○4 ○5 ○6 ○7 ○8 ○9 ○10

14. 该考试对个人能力的提升程度［单选题］*

○1 ○2 ○3 ○4 ○5 ○6 ○7 ○8 ○9 ○10

15. 您对中国现有的会计职称考试体系（初级会计师、中级会计师、高级会计师）有什么意见或建议吗？［填空题］

附录4 会计类证书考试成本的
研究问卷调查

尊敬的先生/女士:

您好! 资格证书是会计人才选拔的重要工具,国内外会计相关的职业资格考试类型繁多。通过考试选拔人才具有一定的客观性,但同时也增加了考生的成本、浪费了社会资源。为了解会计人员在资格考试方面的投入,探寻减轻考生压力、释放社会活力的有效途径,我们设计了此次问卷,希望能为会计行业的健康发展提供一些建议。本问卷采用匿名形式作答,请您根据实际情况填写,衷心感谢您的支持与合作!

1. 您的性别是

(1) 男

(2) 女

2. 您的年龄是

(1) 18~25 岁

(2) 26~35 岁

(3) 36~45 岁

(4) 46~55 岁

(5) 56 岁及以上

3. 您的受教育程度是(包括在读)

(1) 初中及以下

（2）高中及中专

（3）大专

（4）大学本科

（5）硕士及以上

4. 您的工作职务

（1）学生

（2）普通员工

（3）基础管理人员

（4）中层管理人员

（5）高级管理人员

5. 您所在单位所属的具体行业（如果第 4 题选项为非学生）

（1）农、林、牧、渔业

（2）采矿业

（3）制造业

（4）煤电水基础设施行业

（5）建筑业

（6）批发零售业

（7）交通运输业

（8）金融业

（9）其他服务业

（10）教育、科技、文化产业

（11）其他行业

6. 您所在单位的性质（如果第 4 题选项为非学生）

（1）国有企业

（2）民营企业

（3）集体企业

（4）外资企业

（5）政府机关、事业单位

（6）其他

7. 您的居住所在地

（1） 直辖市

（2） 省会城市/计划单列市

（3） 地级市

（4） 县级市

（5） 建制镇（含县城关镇）

（6） 农村

8. 您个人的月收入属于下面哪一个档次？这里指的收入包括工资、奖金、津贴、理财和第二职业等所有收入

（1） 5000 元及以下

（2） 5001~10000 元

（3） 10001~15000 元

（4） 15001~20000 元

（5） 20000 元以上

（6） 保密

9. 您参加会计类证书考试的目的是（多选题）

（1） 工作需要

（2） 证书备用

（3） 专业提升

（4） 能力证明

（5） 加薪/升职

（6） 其他

10. 您如何处理学习专业课程与考会计类证书的关系？（单选题）（第 2 题选项为 18~25 岁跳转该题）

（1） 大部分时间用于专业课程的学习

（2） 偏重考证，减少专业课程的学习

（3） 偶尔占用上课时间备考相关证书

（4） 经常占用上课时间备考相关证书

11. 您如何处理工作与考会计类证书的关系？（单选题）（第 2 题选项为 25 以上跳转该题）

（1）大部分时间用于工作

（2）偏重考证，减少工作时间

（3）偶尔占用工作时间备考相关证书

（4）经常占用工作时间备考相关证书

12. 您目前已经取得的会计类证书有哪些？（多选题）

（1）CPA（注册会计师）

（2）ACCA（国际注册会计师）

（3）会计专业技术资格证书（初级）

（4）会计专业技术资格证书（中级）

（5）会计专业技术资格证书（高级）

（6）CMA（美国注册管理会计师）

（7）AICPA（美国注册会计师）

（8）CIMA（特许管理会计师）

（9）CGA（加拿大特许专业会计师）

（10）HKICPA（香港注册会计师）

（11）其他

13. 您获取（第 12 题中选项）的时间是_____（请填写获取该证书的年份）

14. 对于您已所获得的（第 12 题中选项），参加几次考试拿到的？

（1）1 次

（2）2 次

（3）3 次

（4）3 次以上

15. 对于您已所获得的（第 12 题中选项），您认为难度是

（1）很大

（2）较大

（3）一般

（4）较小

（5）很小

16. 对于您已所获得的（第12题中选项），您是如何准备的？

（1）有详细的学习计划，自己看书复习

（2）参加培训班，跟班复习

（3）购买学习视频，在线学习

（4）考前集中复习

（5）其他

17. 对于您已所获得的（第12题中选项），花费的培训费用是多少？

（1）2000 元（含）以下

（2）2000~5000 元（含）

（3）5000~10000 元（含）

（4）10000~20000 元（含）

（5）20000 元以上

18. 对于您已所获得的（第12题中选项），花费的购买视频费用是多少？

（1）2000 元（含）以下

（2）2000~5000 元（含）

（3）5000~10000 元（含）

（4）10000~20000 元（含）

（5）20000 元以上

19. 对于您已所获得的（第12题中选项），花费的时间是多少？

（1）1 个月以内

（2）1~3 个月

（3）3~6 个月

（4）6~12 个月

（5）1 年以上

20. 您正在备考或者准备备考的会计类证书有哪些？（多选题）

（1）CPA（注册会计师）

（2）ACCA（国际注册会计师）

（3）会计专业技术资格证书（初级）

（4）会计专业技术资格证书（中级）

（5）会计专业技术资格证书（高级）

（6）CMA（美国注册管理会计师）

（7）AICPA（美国注册会计师）

（8）CIMA（特许管理会计师）

（9）CGA（加拿大特许专业会计师）

（10）其他

21. 对于您正在备考或者准备备考的（第 20 题中选项），您认为难度是

（1）很大

（2）较大

（3）一般

（4）较小

（5）很小

22. 对于您正在备考或者准备备考的（第 12 题中选项），您是正在或者打算如何准备的？

（1）有详细的学习计划，自己看书复习

（2）参加培训班，跟班复习

（3）购买学习视频，在线学习

（4）考前集中复习

（5）其他

23. 对于您正在备考或者准备备考的（第 12 题中选项），预期花费的费用是多少？

（1）2000 元（含）以下

（2）2000～5000 元（含）

（3）5000～10000 元（含）

（4）10000～20000 元（含）

（5）20000 元以上

24. 对于您正在备考或者准备备考的（第 12 题中选项），遇到了哪些困难？（多选题）

（1）时间冲突

（2）备考心态

（3）资金

（4）考证前了解不足，深入学习后难以坚持

（5）周围人负面影响

（6）自学能力不足

（7）目前一帆风顺

（8）其他

25. 您是否赞同会计类证书的互认互免，如会计职称与注册会计师的互认互免等？

（1）非常赞同

（2）赞同

（3）不赞同

（4）非常不赞同

（5）不确定

26. 您比较期待会计类证书的以下哪种互认互免？

（1）国内证书与国内证书之间（如会计职称与注册会计师等）

（2）国内证书与国外证书之间（如注册会计师与 ACCA 等）

（3）两者都期待

27. 您期望会计类证书互认互免推行后达到什么样的效果？（多选题）

（1）缩短拿证时间

（2）减少考证费用

（3）获得更多证书

（4）其他

附录 5　考试大纲比对 Python 语句

```
# - * - coding: utf-8 - * -
import jieba
import jieba. analyse
from sklearn. metrics. pairwise import cosine_similarity
class CosineSimilarity(object):
    def __init__(self, content_x1, content_y2):
        self. s1 = content_x1
        self. s2 = content_y2
    @ staticmethod
    def extract_keyword(content):
        seg = [i for i in jieba. cut(content, cut_all=True) if i ! = ""]
        keywords = jieba. analyse. extract_tags("|". join(seg), topK = 200,
withWeight=False)
        return keywords
    @ staticmethod
    def one_hot(word_dict, keywords):
        # cut_code = [word_dict[word]for word in keywords]
        cut_code = [0] * len(word_dict)
        for word in keywords:
            cut_code[word_dict[word]] += 1
        return cut_code
    def main(self):
```

```python
# jieba. analyse. set_stop_words('. /files/stopwords. txt' )
keywords1 = self. extract_keyword( self. s1)
keywords2 = self. extract_keyword( self. s2)
union = set( keywords1) . union( set( keywords2) )
word_dict = {}
i = 0
for word in union:
    word_dict[ word] = i
    i += 1
s1_cut_code = self. one_hot( word_dict, keywords1)
s2_cut_code = self. one_hot( word_dict, keywords2)
sample = [ s1_cut_code, s2_cut_code]
try:
    sim = cosine_similarity( sample)
    return sim[ 1][ 0]
except Exception as e:
    print( e)
    return 0. 0
if __name__ == ' __main__ ':
    with open( r" C:\Users\cufel\Desktop\会计类证书考试大纲\注册会计
师——税法 . txt" , ' r' ) as x, open( r" C:\Users\cufel\Desktop\会计类证书考试大
纲\税务师资格考试——涉税服务实务 . txt" , ' r' ) as y:
        content_x = x. read( )
        content_y = y. read( )
        a = CosineSimilarity. extract_keyword( content_x)
        print( a)
        similarity = CosineSimilarity( content_x, content_y)
        similarity = similarity. main( )
        print(' 相似度: %. 2f%% ' % ( similarity * 100))
```

参考文献

［1］安东尼·约翰·维克斯，宋颉．欧洲学分互认体系：一个转换与累积体系［J］．开放教育研究，2012（1）：33-35.

［2］财政部会计司．深化会计职称制度改革、完善会计人才评价体系［J］．中国会计报，2010（11）.

［3］财政部会计司．深化会计职称制度改革　完善会计人才评价体系——《会计行业中长期人才发展规划》解读［J］．交通财会，2010（12）：82-87.

［4］陈丽，郑勤华，谢浩，沈欣忆．国际视野下的中国资历框架研究［J］．现代远程教育研究，2013（4）：9-18.

［5］何玉润，李晓慧．我国高校会计人才培养模式研究——基于美国十所高校会计学教育的实地调研［J］．会计研究，2013（4）：26-31+95.

［6］黄继承，盛明泉．高管背景特征具有信息含量吗？［J］．管理世界，2013（9）：144-153+171.

［7］劳动和社会保障部培训就业司．国家职业资格证书制度知识读本［M］．北京：中国工人出版社，2002.

［8］李军涛．我国会计专业技术人员范围界定的思考［J］．现代经济信息，2018（15）.

［9］李玉环．关于会计从业资格问题的研究［J］．会计研究，2018（1）：16-23.

［10］李芸达，陈国平，范丽红，费金华．现代职业教育背景下会计技能教学改革与创新［J］．会计研究，2015（2）：87-92+94.

[11] 刘慧凤,姜苏娱.我国会计教育研究文献评述——基于比较研究视角[J].会计研究,2015(6):80-86+97.

[12] 刘玉廷.全面实施我国会计人才战略[J].会计研究,2010(3):5-11.

[13] 刘玥,黄莉,杨丹.会计师胜任能力解构及其培养——基于国际会计教育准则的探索[J].会计研究,2014(5):29-36+94.

[14] 栾甫贵.论会计教育理念[J].会计研究,2013(4):20-25+95.

[15] 孙铮,李增泉.会计高等教育的改革趋势与路径[J].会计研究,2014(11):3-15+96.

[16] 王昌锐,贺欣,邵敏,万文翔,李静,唐国平.我国《会计法》实施现状及其修订思考——基于问卷的调查分析[J].会计研究,2017(9):3-11+96.

[17] 王海兵,纪海文.基于职业胜任能力的会计职称考试框架体系设计[J].商业会计,2017(6):13-16+28.

[18] 王培.关于修订《中华人民共和国会计法》若干思考[J].合作经济与科技,2016(23):190-191.

[19] 肖凤翔,黄晓玲.国家资格框架发展的世界经验及其对我国的启示[J].职教论坛,2014(16):79-83.

[20] 肖凤翔,刘丹.欧洲国家"双证书"互认的经验及其对我国的启示[J].职业技术教育,2016,37(16):69-73.

[21] 肖凤翔,杨顺光.国家资历框架的基本立意与中国构想[J].中国职业技术教育,2019(19):38-43+68.

[22] 肖凤翔.国家资格框架中学历证书和职业资格证书的等值[J].教育发展研究,2015(5):3.

[23] 谢晶.国际视野下国家资历框架对我国职业资格制度改革的启示借鉴[J].中国行政管理,2018(8):150-155.

[24] 杨黎明.终身教育和终身学习条件下各级各类课程衔接与转换模式研究[J].开放教育研究,2012(1):50-51.

[25] 杨政,殷俊明,宋雅琴.会计人才能力需求与本科会计教育改革:利益相关者的调查分析[J].会计研究,2012(1):25-35+97.

［26］宗文龙，魏紫，郑海英．对我国会计专业技术资格考试的现状调查及思考［J］．财务与会计，2021（3）：80-81.

［27］Cedefop. National Qualifications Framework Developments in Europe-Anniversary Edition ［R］. Luxembourg：Publications Office of the European Union，Cedefop Information Series，2015.

［28］European Commission. The European Credit System for Vocational Education and Training-Get to Know ECVET Better Questions and Answers ［EB/OL］. （2010-04-21）［2015-12-13］. http：//www. ecvet-team. eu/en/ecvet-and-lll-essential-documents.